金缀桥　杨逢珉　著

中国农产品出口亚洲部分国家研究

Zhongguo Nongchanpin Chukou Yazhou Bufen Guojia Yanjiu

中国财经出版传媒集团
经济科学出版社
Economic Science Press

图书在版编目（CIP）数据

中国农产品出口亚洲部分国家研究/金缀桥，杨逢珉著．—北京：经济科学出版社，2019.7
ISBN 978-7-5218-0402-7

Ⅰ.①中… Ⅱ.①金… ②杨… Ⅲ.①农产品-出口贸易-研究-中国 Ⅳ.①F752.652

中国版本图书馆 CIP 数据核字（2019）第 051870 号

责任编辑：王柳松
责任校对：王肖楠
责任印制：李　鹏

中国农产品出口亚洲部分国家研究
金缀桥　杨逢珉　著
经济科学出版社出版、发行　新华书店经销
社址：北京市海淀区阜成路甲 28 号　邮编：100142
编辑部电话：010-88191441　发行部电话：010-88191522
网址：www.esp.com.cn
电子邮件：esp_bj@163.com
天猫网店：经济科学出版社旗舰店
网址：http://jjkxcbs.tmall.com
北京季蜂印刷有限公司印装
880×1230　32 开　7 印张　170 000 字
2019 年 8 月第 1 版　2019 年 8 月第 1 次印刷
ISBN 978-7-5218-0402-7　定价：39.00 元

前 言

亚洲地区是中国农产品出口的主要目的地，中国一直致力于同亚洲国家发展有关农产品贸易的经贸合作关系。近年来，中国同亚洲部分国家的农产品贸易实现了快速增长，农业领域的合作也逐渐成为双方经贸合作的重点。本书分析了 2001～2015 年中国农产品出口亚洲部分国家的情况，在以往二元边际分析工具的基础上构建了三元出口边际模型，分析了各边际现状以及各边际对于中国农产品出口变动的贡献程度，着重回归研究了影响中国农产品出口三元边际的主要因素，特别是影响中国分类农产品出口三元边际的相关因素，进而对中国农产品出口贸易相关政策提出意见和建议。

首先，本书使用农产品 HS 92 版本的 6 位码数据，结合出口额和出口结构两方面分析了中国农产品对亚洲部分国家出口的现状。就总量而言，日本长时间以来是中国农产品的第一大出口目的市场，韩国在 2015 年成为第二大出口目的市场。东盟市场的重要性日渐凸显，中国对东盟十国农产品的出口额逐年递增，2014 年和 2015 年已跃居为中国农产品出口的第一大市场。就出口结构而言，中国对日本、韩国和东盟十国出口种类最多的农产品是园艺类农产品。谷物类农产品、园艺类农产品、畜类农产品和水产类农产品对东盟各国出口种类在2001~2015年波动幅度均较小。

其次，本书对文献中普遍使用的二元边际分析工具进行了完善，将出口边际进一步分解为集约边际、扩展边际和退出边际，构建了衡量农产品出口集约边际、扩展边际和退出边际及其对出口变动贡献程度的模型，更好地分析了出口变动的影响路径。随后，又在计量模型的构建中借鉴了企业异质性贸易理论模型，识别了影响产品出口三元边际的相关因素。研究发现，2002~2015年，中国农产品对日本、韩国和东盟十国出口集约边际的变动较大，扩展边际和退出边际变动均不明显。总体来看，集约边际对出口变动的贡献度最大，退出边际次之，扩展边际最小。但对于东盟十国，2014年和2015年扩展边际和退出边际对出口变动的影响大于集约边际。扩展边际对出口变动影响较大的目的地国家分别是老挝、新加坡和菲律宾，而退出边际对出口老挝的农产品影响最大。此外，出口三元边际对4类农产品出口变动的贡献程度在不同国家各不相同。

最后，本书根据农产品出口的特征，增加了部分控制变量，构建了影响中国农产品出口亚洲部分国家三元边际的计量方程，着重对中国全部农产品和不同种类农产品出口三元边际的影响因素进行了分析。实证结果显示，影响中国全部农产品和不同种类农产品出口集约边际、扩展边际和退出边际的主要因素并不相同，影响程度也有所差别。特别是，进口国关税水平对中国农产品出口的集约边际和退出边际均具有较为显著的影响，对扩展边际的影响则不显著。

基于上述研究，本书进入政策层面，根据现状分析和实证分析得出的结果，从精准把握不同出口市场的农产品差异化需求、针对出口目的地国家情况采取差异化出口策略等方面提出了相应的意见和建议。

金缀桥　杨逢珉
2019 年 1 月

目 录

亚洲部分国家由于其重要的地缘政治价值，在中国农产品出口市场中的重要地位日渐增强。因此，要特别关注的具体问题包括：中国农产品对亚洲部分国家出口是以何种路径实现的？即是通过向目标市场增加出口数量，还是净增出口产品种类来实现的？如何界定农产品的出口边际？影响出口边际的因素具体包括哪些？中国农产品对日本、韩国和东盟十国出口边际的影响因素有何差别？中国率先与东盟进行区域经济合作，而后与韩国签署中韩自由贸易区协议，对中国农产品出口增长的作用如何？进口国设置的关税壁垒和世界贸易组织实施卫生与植物卫生措施协定（SPS）通报数是否会对农产品出口边际产生显著影响？影响方向如何？影响幅度究竟有多大？不同国家在区域一体化背景下制定的关税减免政策和SPS通报数，对中国不同种类农产品出口边际的具体影响有多大？影响程度有何差别？本书将对以上问题进行深入研究，从而更好了解中国农产品出口亚洲部分国家的现状和发展趋势，为与中国农产品出口相关政策的完善提供建议。

根据新新贸易理论的观点，如果一国出口过分依赖于既有出口产品数量的扩张，该出口方式抵御外部突发冲击的能力则会降低，贸易条件的急剧恶化会为出口带来贫困化增长的现象。若一国通过创新产品种类即产品多样化来提升出口贸易额，不仅可以避免贸易条件突发恶化对该国出口产生的阻碍作用，而且会使该产品的需求曲线向外扩展，贸易的该扩张方式可以降低外部冲击带来的相应风险。不同的出口扩张方式带来的农产品输出利益是不相同的，其所蕴含的政策含义也不同。深入研究中国农产品对亚洲部分国家的出口问题，有利于为中国出口带来更多的贸易创造效应。因此，本书的研究具有重要的价值，具体体现在以下五个方面。

第一，自中国加入世界贸易组织以来，在中国对亚洲部分国家农产品出口规模迅速扩张的同时，也伴随着贸易利益损失的潜在威胁。本书基于中国农产品对亚洲部分国家出口规模和出口结构两部分内容的清晰分析，有助于中国农产品出口企业和政府全面了解农产品对亚洲部分国家的出口现状和发展趋势，对后续出口边际的界定也具有重要的现实意义。

第二，目前学术界对出口边际的界定尚未形成统一的定义，仍存在较大分歧，对出口边际的测量方法也各不相同。例如，绝大多数研究将出口边际分为两部分：即集约边际和扩展边际，并笼统地将出口产品种类的变化界定为扩展边际，将既有产品出口规模的变化界定为集约边际。本书认为，产品种类的变化应包括对特定出口目的国新出口品种的增加和原出口品种的减少两部分。本书的实证计算也将这两部分的变化分开考虑。因此，在对出口路径进行二元边际分解的基础上，本书将其进一步分解为出口三元边际，并构建了衡量三元边际对出口变动率贡献程度的表达式。

第三，本书通过对中国农产品出口亚洲部分国家出口边际现状的描述，为深入了解中国农产品出口概况提供了一个有效的切入点，为进一步准确判断出口额的变动率是由何种边际拉动，即不同的出口方式对中国农产品出口规模变化的贡献程度奠定了基础。同时，本书还详尽地分析了中国分类农产品出口三元边际对出口变动率的贡献度，从而为深入探究贡献度的变动趋势和未来可能的发展方向提供了研究思路。

第四，对于农产品出口而言，进口国的关税水平和进口国SPS通报数的变化与农产品出口边际的变动有一定的关联。本书基于大量统计数据将可变贸易成本进一步细化，尝试分析了关税水平和SPS通报数量对不同种类农产品出口边际的影响。这将有助于我们更为深入地了解上述两大因素对出口边际的影响方向和影响程度，从而为更好地应对关税壁垒及非关税壁垒带来的负面影响提供实证支持。

第五，在中国农产品出口亚洲部分国家中，除日本外，其他国家都和中国签订了区域自由贸易协议。深入分析双边贸易协议或多边贸易协议与中国农产品出口路径选择的内在联系，进而探讨在区域经济一体化的过程中，自由贸易政策特别是有关关税减免协定对中国农产品出口特定国家带来的不同影响，可以进一步测度中国加入区域贸易一体化组织带来的福利大小，并为有关农产品贸易政策的后续制定提供数据支撑，为自由贸易区成员国相关贸易协定的进一步协商提供借鉴。

最后，本书也希望通过深度分析，对中国与其他国家针对自由贸易区谈判中关于农产品自由贸易的磋商起到示范作用，对未来有关农产品贸易方面的合作提供有价值的参考。

1.2 研究思路与方法

本书以中国农产品对亚洲部分国家出口三元边际路径为研究的主线，基于企业异质性贸易理论，采用定性分析和定量分析相结合的方式进行研究。

定性分析主要是在现有中外文相关文献的收集、鉴别和阅读的基础上，对和本书密切相关的3个基础性理论进行阐述和对比分析。定量分析主要是建立在翔实的样本数据基础上，对全部农产品和不同种类农产品出口变动率和三元边际的关系、出口三元边际的影响因素和不同种类农产品出口三元边际的影响因素等方面做出客观判断和科学分析，从而使本书较为全面、系统地阐述中国农产品对亚洲部分国家出口的动态变化和发展趋势。

定量分析又主要包括以下两部分。

（1）描述性统计分析法。通过对联合国商品贸易统计数据库（UNcomtrade）[①] 中海关编码（HS 编码）1992 版 6 位码数据的整理和分析，综合贸易量、贸易结构 2 个维度对中国农产品出口亚洲部分国家的现状进行详细描述。本书进一步利用三元边际计算方法，从微观产品层面对中国农产品出口变动率进行分解，探讨中国全部农产品和不同种类农产品出口亚洲部分国家的扩展边际、集约边际和退出边际对出口变动率的贡献程度。

（2）面板数据相关计量方法。主要包括面板数据平稳性检验、单位根检验、协整关系检验、组间异方差、组内自相关、组间同期相关检验和内生性检验等。基于面板数据的相关检验，本书进而使用优化选择的计量方法分析不同种类农产品出口三元边际的影响因素，从而使本书的分析更富有针对性与实用性。

1.3 结构框架

本书一共分为 8 章内容，其中，主体部分包括第 2 ~ 7 章内容。各章内容依次展开，紧密关联，全方面、多角度地论述了中国农产品出口亚洲部分国家三元边际现状、存在的问题和未来的发展趋势。

第 1 章，导论。包括研究背景与意义、研究思路与方法、结构框架和内容安排及可能的创新点和不足之处。本章内容对全书起到提纲挈领的作用。

---

① 联合国商品贸易统计数据库（UNcomtrade），见 http：//comtrade. un. org/.

第 2 章，文献综述和理论基础。包括与本书相关的文献综述和相关理论基础。文献综述包括分析工具发展的研究、出口边际对贸易增长贡献的研究、出口边际影响因素的研究、关于农产品出口边际的研究和农产品出口亚洲部分国家的研究，并对相关国内外研究做简要评价。相关理论基础则根据贸易理论演进的轨迹，基于企业异质性贸易理论、关税同盟理论和自由贸易区理论综合分析和本书相关的主要理论。

第 3 章，中国农产品出口亚洲部分国家的现状。本书结合出口贸易额和出口贸易结构分析我国农产品出口亚洲部分国家的现状。

第 4 章，三元边际的分解及模型的构建。本章基于以往文献产品出口二元边际分解的方法，进一步对分析工具进行完善，提出了农产品出口三元边际的分析方法，并构建了衡量三元边际对出口变动率贡献程度的表达式。再引入钱尼（Chaney，2008）推导的异质性企业贸易模型，推导三元边际影响因素的计量模型，从而通过计量模型对农产品出口亚洲部分国家进行了适用性分析。

第 5 章，中国农产品出口亚洲部分国家的边际分析。在对全部农产品出口三元边际现状描述的基础上，分析全部农产品出口三元边际与出口变动率的关系。然后着重分析不同种类农产品出口集约边际、扩展边际和退出边际与出口变动率的关系。该部分内容可以衡量农产品出口亚洲部分国家的集约边际、扩展边际和退出边际对出口变动率的贡献程度。

第 6 章，中国农产品出口亚洲部分国家三元边际的影响因素分析。除了引入第四章理论模型推导计量方程中所包含的经济规模、生产率水平、可变贸易成本、固定贸易成本、多边阻力等基本变量外；考虑到农产品出口的特殊性，为了尽量控制其他影响因素对出口边际的相关影响，以求模型的分析更为全面和深入，我们在模型中加入了一系列其他控制变量，如显示性比较优势指数、产业内贸易指数等等。考查上述因素对我国农产品出口亚洲部分国家三元边际的不同影响。

第 7 章，中国不同种类农产品出口亚洲部分国家三元边际的影响因素分析。在实证分析我国农产品对亚洲部分国家出口三元边际具体影响因素的基础上，进一步探究谷物类、园艺类、畜类和水产类农产品出口三元边际变动的相关影响因素及其不同影响程度，从而更为细致全面地把脉四类农产品出口亚洲部分国家出口三元边际现状，为对策的提出提供实证数据支撑。

第 8 章，研究结论和政策建议。本章总结了本书分析所得的主要结论，并有针对性地提出了相关政策建议。

1.4　创新和不足

本书在选题以及研究方法上具有一定的创新性，本书研究的现实意义也较为深刻。与以往研究相比，本书可能存在的创新点主要体现在以下 3 个方面。

（1）在现有的中外文文献研究中，对农产品出口亚洲部分国家的路径并没有深入微观层面的分析，且缺少不同种类农产品对亚洲部分国家出口变动的结构式见解。本书通过进一步分解出口二元边际计算方法，构建衡量三元边际大小的指标，较为清晰地刻画了中国全部农产品和不同种类农产品出口亚洲主要目的国的三元边际现状。

（2）在三元边际现状描述的基础上，本书基于集约边际对出口变动率的贡献程度、扩展边际对出口变动率的贡献程度和退出边际对出口变动率的贡献程度这3个维度，并通过对比分析贡献程度的大小，总结出中国农产品对亚洲部分国家出口变动主要是靠集约边际拉动或是扩展边际拉动的基本判断。与以往的农产品对目的国出口二元边际分析相比，无疑是一个重要的推进。

（3）在影响因素的选择上，以往大多数文献均使用地理距离、运输费用来测度贸易成本的大小，未见将关税壁垒和非关税壁垒的大小运用量化数据进行定量统计。本书收集关税壁垒和非关税壁垒的详细数据，将中国农产品对亚洲部分国家出口的三元边际和出口遭遇的关税水平以及SPS通报数等因素联系起来，使本书的研究更为细致和深入。

尽管本书从多角度、多方位对中国农产品出口亚洲部分国家的三元边际进行了深入分析，但仍存在以下可供后续深入研究的方面。本书的不足之处主要体现在以下3个方面。

（1）微观数据的局限性和难获得性。如本书研究所涉及的部分国家的非关税壁垒（SPS通报数）个别年份有所缺失，个别国家有关农产品关税减免的方案的详细数据也有所缺失。

（2）钱尼（Chaney，2008）提出出口边际分解方法，从理论上推导了影响二元边际变动的相关因素，成为近年来国内外前沿学术期刊上发表的论文实证研究的理论依据。本书引入其模型，从理论上探究影响中国农产品对亚洲部分国家出口三元边际的影响因素，但理论模型的扩展还需后续深入研究。

（3）随着中国区域经济一体化的全面推进，无论是在数据的计量方法优化上，还是在税收减免指标的选取上，都有进一步改进的空间。

虽然本书仍存在诸多需要改进的地方，但通过细致，深入地研究中国农产品对亚洲部分国家出口边际路径的现状、出口边际对出口变动率的贡献程度、全部农产品和不同种类农产品出口三元边际的影响因素等问题。希望本书能为进出口贸易理论的完善和后续研究提供补充，也希望本书可以使更多相关领域研究者在此基础上进行实证拓展。这将有助于政府部门对贸易方案进行理性思考，充分合理地利用中国－东盟自由贸易区和中韩自由贸易区建立的优势，为与农产品出口相关政策的制定和完善提供指导与参考。

■ 第 2 章 ■

文献综述和理论基础

本章先从以下 5 个方面对已有的研究成果进行归纳和评述：关于分析工具发展的研究；关于出口边际对贸易增长贡献的研究；关于出口边际影响因素的研究；关于农产品出口边际的研究；关于农产品出口亚洲部分国家的研究。通过对上述 5 方面已有中外文文献的梳理和总结，进而发现有关研究可以进一步拓展的方面。随后，本章综合分析与本书具有密切联系的异质性企业贸易理论、关税同盟理论和自由贸易理论的主要观点，奠定与研究相关的理论基础。

2.1 相关文献回顾

2.1.1 关于分析工具发展的研究

出口边际思想自提出以来，就成为国际贸易领域研究出口路径问题的关注重点之一。追溯出口边际思想的起源，在 20 世纪 70 年代以前，国际上主要以产业间贸易的方式进行产品交易。阿明顿（Armington，1969）利用国家差异模型认为，出口商品结构在各国间的差异程度较低，出口的差异主要是由于传统出口品种的出口数量不同所引起的。可见，阿明顿（1969）突出强调了出口数量的重要性，即传统贸易理论将既有出口产品、出口数量的增加作为出口扩张的唯一推动力，该理论首次强调了出口增长依靠数量边际拉动的思想。伴随着全球经济分工格局的变化，特别是20世纪70年代以后产业内贸易的迅速开展，一部分国家新增产品种类的出口额在贸易总额中的占比不断提升。基于此背景，克鲁格曼（Krugman，1980）将阿明顿（Armington，1969）出口边际的思想进一步完善，在垄断竞争市场下强调出口产品种类的重要性，认为研究需要重点关注出口产品种类的增加对出口额的带动作用。克鲁格曼（1981）又进一步强调了新增出口产品种类的重要性，认为随着发达国家贸易结构的不断升级，以及发达国家的传统产业向发展中国家不断转移，发达国家既有出口产品出口额的变动与贸易持续增长出现了悖论。随后，一些文献提出并强调了产品出口质量的重要性问题（Falm and Helpman，1987；Grossman and Helpman，1993）。综合而言，上述研究并没有明确提出出口边际的概念，尤其无法获得微观数据支撑，对该思想的检验更是无从谈起。

真正引起相关研究文献对出口边际问题广泛关注的是梅里兹（Melitz，2003）开创的企业异质性贸易模型。该理论放松了企业同质性的假定，引入了企业异质性和生产率差异等假定条件，研究得出了高生产率的企业选择出口，低生产率的企业服务于国内市场的结论。该理论为研究出口边际问题提供了理论基础，也为研究出口增长方式提供了新的视角，对于全面分析出口贸易路径构成问题具有很强的指导意义。

2.1.1.1 出口二元边际的界定

截至目前，关于出口边际的界定，尚没有形成完全统一的标准。随着贸易理论的进一步深入和实证研究的细化，相关研究从产品层面、企业层面、市场层面以及综合层面构成的多维层面对二元边际进行界定。综合来看，关于出口边际的概念，存在 4 个维度的界定。

一是产品层面的界定。产品层面的界定最早由赫梅尔和克莱诺（Hummels and Klenow，2002）提出，随着微观经济数据的丰富，赫梅尔和克莱诺（Hummels and Klenow，2005）将其进一步补充，丰富了产品层面出口边际的定义。他们在研究出口贸易模式时，明确将出口流量分解为两部分，即将现有出口产品在数量上的增长界定为集约边际，将出口产品在种类上的扩张界定为扩展边际，至此二元边际概念被明确提出，该模型进而成为分析出口边际的范式。随后又有文献基于时间序列方法从出口产品层面提出了界定扩展边际的计算方法，其将首次出口的产品种类数界定为扩展边际（Besedeš and Prusa，2007）。截至目前，大量文献中均采用这个层面的概念对集约边际和扩展边际进行界定（Evennett and Venables，2002；Baldwin and Nino，2006；Felbermayr and Kohler，2006；Amiti and Freund，2007；Chaney，2008；Goldberg and Pavcnik，2005；施炳展，2010，2011；刘莉等，2013；史叶本，张永亮，2014；郭俊芳，武拉平，2015；马凌远，2016）。

二是企业层面的界定。随着企业层面数据可收集度和可查询度的提升，部分文献开始从微观企业角度研究出口的边际问题。在企业层面，集约边际是指，已有出口企业的总量，而扩展边际则是指，新增出口企业的总量。一些文献研究均基于这一层面对出口边际加以界定（Bernard and Jensen，2004；Andersson，2007；Lorz and Wrede，2009；王永培，2016）。

三是市场层面的界定。赫尔普曼等（Helpman et al.，2008）研究认为，集约边际是指，对既有出口对象国产品的出口总额，也就是意味着原有贸易关系的进一步深化；而扩展边际是指，针对新增出口对象国产品的出口总额，也就是新建立的贸易关系。一部分文献研究均使用了这一层面的概念（Felbermayr and Kohier，2010；施炳展，2010；范爱军，刘馨遥，2012；耿献辉等，2014）。除此之外，也有部分文献将出口贸易变动的扩展边际界定为开拓新的出口国家市场的数量，将集约边际界定为稳固和保持已有的出口国家市场的数量（Besedes and Prusa，2006，2007；Eaton et al.，2007；Brenton，2007；陈磊，宋丽丽，2011；刘莉等，2013）。

四是综合考虑了企业、产品和市场三个不同角度的届定。由于企业层面的微观数据仅在少数几个发达国家中可以完全获得，绝大多数研究基于出口产品多样化和市场多样化两个维度，并将这两个纬度建立起联系。例如，马蒂亚斯（Matias，2006）基于产品市场层面进一步细分，将以前已出口的产品继续出口到过去的市场（即旧产品出口旧市场）定义为集约边际。将扩展边际定义为3部分之和，3部分分别是指，过去未出口的产品出口至新市场（即新产品出口新市场）、过去已出口的产品出口至新市场（即旧产品出口新市场）和过去未出口的产品出口至过去的市场（即新产品出口旧市场）。诸多研究均基于产品维度和市场维度对扩展边际和集约边际进行了界定（Evenett and Venables，2002；Brenton and Newfarmer，2007；Besedes and Prusa，2007；Helpman et al.，2008；钱学峰，2009，2010；施炳展，2013，2014；Cadot et al.，2011；陈勇兵等，2012；陈阵，隋岩，2013；李新，陈婷，2013；陈婷，向训勇，2015；刘斌，王乃嘉，2016；黄新飞等，2017）。

综上所述，虽然目前涌现了大量与出口边际相关的研究，但是由于研究目的的差异和数据的难获得性，学界对二元边际的定义和测量方法还未能达成一致意见。综合现有研究成果来看，扩展边际源自出口市场新企业的进入、新增出口产品种类的出现和既有产品种类出口新市场的增加。集约边际源自已有出口企业和已有出口产品在数量上的增长。这些研究思想都根植于梅里兹（2003）的异质性企业贸易理论，它们对于二元边际界定的方法虽具可比性，但是，相关研究还可以从更微观的角度界定扩展边际和集约边际。

2.1.1.2　出口三元边际的界定

截至目前，中外文文献关于三元边际的界定主要参考赫梅尔和克莱诺（Hummels and Klenow，2005）的研究，其研究在二元边际分解的基础上，进一步将二元边际中的集约边际分解为数量边际和价格边际，表明已有出口贸易总价值的增加可通过产品数量的变动和产品价格的变化来实现，其将数量边际界定为产品数量的变动，将价格的变化界定为价格边际。随后，部分中文文献均借鉴了赫梅尔和克莱诺（2005）关于三元边际的界定（施炳展，2010，2011；杨逢珉，李文霞，2015；魏浩，郭也，2016；钟建军，2016；颜小挺，祁春节，2017；魏昀妍，樊秀峰，2017）。该界定方法的实质仍然是二元边际分解，且其并未将退出出口产品种类出口规模的变动对出口贸易总价值的影响考虑在内，仍有进一步完善的空间。

2.1.2　关于出口边际对贸易增长贡献的研究

目前，关于三元边际对贸易增长贡献的中外文文献较为少见，绝大多数文献集中于二元边际对贸易增长的作用。其关键争议点是，集约边际和扩展边际这两种出口方式中哪一种对出口拉动作用更明显。综合目前文献的研究结果分析，主要存在3种完全不同的观点。

观点一：集约边际为出口扩张的主要来源。赫尔普曼等（Helpman et al.，2007）对全球158个经济体的双边贸易量进行了统计，分析表明，在1970～1997年，集约边际是贸易增长的主要原因。这一研究结果与菲尔伯梅尔和科勒（Felbermayr and Kohler，2006）的结论相同，研究基于一个双边贸易角点解引力模型，认为在1950～1970年和20世纪90年代中期，扩展边际在贸易增长中的作用虽然明显，但在其他时期，集约边际对进出口的拉动作用更为显著（Felbermayr and Kohler，2006）。皮埃罗拉（Pierola，2007）则采用HS 6位码数据对1990～2005年24个国家的贸易流量进行了分析，发现集约边际对这些国家的出口具有86%的贡献率，明显高于扩张边际对出口的贡献率。阿米提和弗兰德（Amiti and Freund，2007）、赫尔普曼等（Helpman et al.，2007）均证实了上述结论，发现贸易增长主要归功于集约边际而非扩展边际。与之类似，近年来，越来越多的中文文献利用计量模型论证了集约边际在国际贸易中的重要性。柴华（2009）对1978～2006年中国的出口增长进行了分析，结果显示2001年后扩展边际变化不大，贸易增长由“以量取胜”的政府主导型拉动。钱学峰（2010）利用异质性企业贸易理论模型，分析了联合国贸易发展委员会1995～2005年HS 6位码数据，在描述中国出口二元边际现状的基础上，研究发现对于多边贸易和双边贸易而言，集约边际都是中国的出口增长的主要动因。继钱学峰之后，诸多中文文献均运用产品出口细分数据证实了中国出口快速增长的动力主要来源于集约边际的贡献（刘莉等，2013；

孙一平等，2013；史本叶，张永亮，2014；杜运苏，彭东东，2014；郭俊芳，武拉平，2015；陈勇斌等，2015；魏玮等，2016）。

观点二： 扩展边际是贸易增长的主要来源。伯纳德和詹森（Bernard and Jensen，1999，2004）利用美国制造业部分数据，揭示了美国20世纪80年代末90年代初制造业产品出口增长除了归因于已有企业出口的扩张（即集约边际），也有一部分来自新企业开始加入出口市场的扩张（即扩展边际）。研究假设各企业的产品种类相异，再一次表明在出口扩张中很大一部分是扩展边际贡献的。伊文奈特和维纳布尔斯（Evenett and Venables，2002）对发展中国家1970～1997年的出口作了分析，结论显示，扩展边际是发展中国家出口增长的主要原因。部分文献基于不同对象和不同时期，均证实了扩展边际在双边贸易流量中的贡献相对突出（Hillberry and McDaniel，2002；Kang，2004；Hummels and Klenows，2005；Haddad et al.，2010）。中文文献也实证分析了扩展边际对拉动中国出口增长的重要作用。李显戈和孙林（2012）基于坎欺（Kancs，2007）的企业异质性贸易模型，论证了扩展边际在2006～2009年中国对东盟国家出口中起主要作用。范爱军和刘鑫遥（2012）基于2003～2009年中国机电产品HS6位码出口数据，对中国机电产品的出口进行了二元边际研究，发现扩展边际是拉动机电产品出口增长的重要路径。

观点三： 集约边际和扩展边际均为贸易增长的重要来源。比如，伯纳德和詹森（Bemard and Jensen，1999）通过分析美国的出口增长数据，指出20世纪90年代美国的出口增长是集约边际和扩展边际增长共同作用的结果。菲尔伯梅尔和科勒（Felbermayr and Kohier，2006）基于引力模型并利用角点解方法攻克了“距离困惑”这一贸易问题。研究结果显示，对于出口增长，集约边际和扩展边际具有阶段性的贡献差异。在 1950 ~ 1970 年和 20 世纪末，国际贸易增长主要来源于扩展边际；但是，中间年份（即 1970 ~ 1990 年），对出口扩张具有更大作用的是集约边际。谭晶荣等（2013）利用 1996 ~ 2010 年农产品贸易数据分析了中国和越南农产品贸易的变化情况，结果显示，在两国农产品出口的增长中，集约边际和扩展边际均有推动作用，扩展边际的作用要高于集约边际。喻春娇和阮琪（2017）研究发现，中国产品对哈萨克斯坦、吉尔吉斯斯坦、俄罗斯、印度和巴基斯坦等国的出口增长主要依赖于集约边际，对乌兹别克斯坦等国的出口则主要依赖于扩展边际。

基于不同研究对象和研究时期，国内外测度出口集约边际及扩展边际的方法不尽相同，但两者对贸易增长的贡献程度不可小觑。归因于出口产品种类与产品数量的不同贡献效应，有助于我们更为深入地比较扩展边际和集约边际对拉动一国贸易增长的不同作用。虽然近年来关于二元边际对贸易增长贡献的文献不断涌现，但是有关研究尚处于起步阶段，且现有的研究大多集中在一国所有产品出口二元边际和出口扩张关系的研究上。对于针对特定产品种类出口特定国家的研究，二元边际对出口增长的贡献问题的研究并不多见，三元边际对出口增长的作用问题更有待后续展开研究。

2.1.3 关于出口边际影响因素的研究

近年来，探讨二元边际影响因素的中外文文献不断涌现，绝大多数研究探究不同影响因素对二元边际产生的不同效应。其研究内容主要从以下 4 方面展开。

2.1.3.1　贸易成本

广义而言，贸易成本除了生产产品的固定成本，还包括商品到达最终购买者的所有可变成本。这些可变成本包括：运输的成本、政策壁垒成本（关税壁垒和非关税壁垒）、履约成本、法规监管成本、信息获取成本、汇率的成本以及本地分销成本（Anderson and Van，2004）。凯赫和鲁尔（Kehoe and Ruhl，2003）运用产品数据发现，随着贸易壁垒的削减，在贸易自由化之前，占出口份额低于 10% 的产品，在贸易自由化后其份额上升至 40%，说明政策贸易壁垒对集约边际的影响非常显著。伯纳德和詹森（Bernard and Jensen，2004）证明，运输成本（与出口目的地的距离）主要作用于贸易总量的扩展边际。芬斯特拉和凯（Feenstra and Kee，2007）、伊顿等（Eaton et al.，2011）基于不同地区出口企业数据，前者通过贸易成本的变化，后者通过模拟市场进入成本的下降形式，同样得到了贸易成本削减导致扩展边际增加从而带动贸易增长的主要结论。伯金和格里克（Bergin and Glick，2007）的研究也表明，一旦出口固定成本通过贸易自由化得以降低，贸易增长将倾向于沿着扩展边际增长，也就是说，新增出口产品种类的增长带动了出口的扩张。皮尔森（Persson，2008）则发现，对于差异化产品而言，贸易成本对扩展边际具有较大的负面影响，但对集约边际则并不存在负相关关系。劳利斯（Lawless，2010）发现，运输成本对出口二元边际均有负面影响，而其他变量如语言、地理相邻度、基础设施和进口成本壁垒只通过扩展边际发挥作用。德巴埃和莫达沙里（Debaere and Mostashari，2010）采用 Probit 方法分析 1989 ~2000 年美国的进口数据，发现虽然关税下降引起出口扩展边际的增加，但关税削减只能解释 6.7% 的扩展边际的增长。芬斯特拉和凯（2008）

同样认为，关税会对扩展边际产生影响。

值得注意的是，两种不同类型的贸易成本（即固定成本和可变成本），对出口二元边际的影响不同。特别是新新贸易理论提出以后，有关研究开始使用异质性理论框架来解释出口贸易流量中固定成本和可变成本的作用，并通过相关计量模型来说明上述两种不同类型贸易成本对出口二元边际的差异影响。由于衡量不同成本的统计数据逐渐丰富，针对该领域的研究也越来越多。代表性的研究有：坎斯（Kancs，2007）利用企业异质性贸易模型，分析了可变贸易成本及出口固定成本对东南欧国家出口二元边际的影响，分析结果显示，前者只对出口的集约边际产生影响，而后者对出口二元边际均产生负面影响。中文文献关于不同贸易成本对出口边际影响的研究也逐渐增多。钱学锋和熊平（2010）基于1995～2005年中国与11个主要贸易伙伴的双边贸易数据，通过Tobit模型回归结果表明，可变贸易成本对集约边际的影响为负，固定贸易成本和可变贸易成本对扩展边际的影响均为负。李显戈和孙林（2012）指出，可变贸易成本的削减既可以增加既有出口企业的生产规模，又能使原来仅针对国内市场销售的企业开始开展出口业务。李显戈和孙林（2012）通过数据实证分析又发现，固定成本变化是通过改变扩展边际大小从而影响出口的规模，其不能通过集约边际对出口规模产生作用，而可变贸易成本的改变对集约边际和扩展边际均带来一定程度的影响作用。也就是说，固定贸易成本相对可变贸易成本对出口规模的影响作用更微弱。随后，诸多中文文献分别基于不同视角指出不同贸易成本类型对出口二元边际的差异影响（史本叶，张永亮，2014；杜运苏，彭东东，2014；张宇青等，2014；袁德胜等，2014；王孝松等，2014；曹亮，陆蒙华，2017）。

由于贸易成本是一个比较宽泛的概念，探讨贸易成本的不同构成对出口二元边际影响的研究文献不断出现，但有关研究仍处于待丰富阶段。很多文献认为，国内市场的进入成本也可以看作贸易成本中的一类，国内市场进入成本的削减意味着国内企业出口面临较低的障碍，这会促使具有较低生产率的企业开始尝试进行产品出口，该行为将对一国出口的集约边际和扩展边际产生显著影响。一些中外文文献进一步定量深入分析了国内市场进入成本对二元边际的影响，发现国内市场进入成本显著影响扩展边际的变动。部分外文文献都证实了这一观点（Bridgman，2008；Dennis and Shepherd，2011；Persson，2013）。布里奇曼（Bridgman，2008）运用欧盟 HS 8 位码进口数据量化分析了 118 个国家的国内市场进入成本对进口扩展边际的影响，发现影响为负值。丹尼斯和谢泼德（Dennis and Shepherd，2011）采用比较静态分析方法认为，发展中国家企业进入成本与扩展边际之间存在显著的负相关关系，得出国内企业进入成本若下降 10%，扩展边际相应增加 2.5% 的结论。马涛和刘仕国（2010）、陈阵和隋岩（2013）发现，国内市场进入成本主要通过扩展边际影响中国的出口增长，其中，对中国出口企业数量的影响尤为显著。当前，国内市场进入成本对二元边际的影响仍比较匮乏，有进一步深入研究的空间。

2.1.3.2　金融政策

综合现有的相关研究文献来看，金融政策对集约边际和扩展边际的影响，主要体现在货币政策和汇率政策的改变带来的相关影响上。有关研究主要集中在以下两个问题。

第一个问题，集中分析货币政策对出口二元边际带来的相关影响。奥雷等（Auray et al.，2012）构建两国进出口模型，以此解析两种不同的货币政策（即独立的货币政策和货币联盟政策）

对出口集约边际和扩展边际产生的差异影响。理论分析和实证研究均表明，货币联盟政策的实施，可以提升出口贸易的扩展边际值。伯金和林（Bergin and Lin，2008）使用1973～2000年多国双边进出口数据，同样分析了货币政策对出口二元边际的影响，其研究主要针对货币联盟政策和直接汇率盯住制度对出口边际不同影响途径的分析。货币联盟政策主要通过新增出口产品种类和新增出口企业数量的方法，即通过提升扩展边际值达到扩大出口规模的目标，货币联盟政策和集约边际之间不存在显著的相关关系。而直接汇率盯住制度的作用正好与之相反，主要通过增加既有出口产品种类的出口量来扩大出口规模，直接汇率盯住制度和扩展边际之间不存在明显的相关关系。但是，上述模型采用了最小二乘法估计回归结果，并没有采用工具变量法解决模型存在的内生性问题，该研究结果容易产生不一致和有偏的问题。而伯曼和埃里库尔（Berman and Héricourt，2010）、贝洛内等（Bellone et al.，2010）分别从法国、比利时以及9个发展中国家的细分企业层面数据入手，研究发现紧缩的货币政策对扩展边际具有负面效应，对集约边际的作用则不明显。对基于中国出口企业层面数据的研究，芬斯特拉（Feenstra，2014）认为，紧缩的货币政策等价于增加了企业出口产品的固定成本，从而发现紧缩货币政策主要沿扩展边际路径对贸易流量的提升产生负面影响。

第二个问题，分析汇率水平及其波动对出口二元边际带来的影响。查特吉和纳克尼（Chatterjee and Naknoi，2010）基于工资刚性和内生专业化的假设条件，通过建立随机动态一般均衡模型分析了汇率波动对二元边际的影响。该文献研究认为，汇率波动可以使出口国调整贸易结构，从而提升扩展边际值以带动出口额的增长；汇率波动也可以使出口相对价格产生变化，从而使集约边际增加带动出口规模的提升。该研究得出一个重要结论，汇率随着扩展边际的波动而改变，扩展边际的波动又随国家规模的扩大而增加。这一结论与赫梅尔和克莱诺（Hummels and Klenow, 2005）的研究结论一致。阿尔瓦雷斯和里皮（Alvarez and Lippi, 2009）则利用美国进口 4 位 SITC 编码数据，并对伯金和林（Bergin and Lin, 2008）的估计方法进行改进，采用 IV 方法分析了汇率波动对出口二元边际产生的作用。研究结果表明，汇率变动对扩展边际产生了较明显的影响，其使出口国更加集中地去生产既有对外出口的产品类别。陈婷和向训勇（2015）利用 2000 ~ 2006年的中国出口相关数据，实证表明人民币汇率变化对中国企业出口额的影响是通过扩展边际和集约边际共同产生作用的，且两者作用相当。

除了上述研究外，越来越多的文献开始关注金融发展和金融约束等因素对出口二元边际的相关影响。陈磊和宋丽丽（2011）使用 1992 ~ 2009 年与中国 28 类制造业进出口相关的大量贸易数据，基于贸易引力模型测算了金融发展对制造业出口二元边际的影响方向和影响大小，研究发现金融发展的作用在不同时期对不同国家出口二元边际的影响有显著差异。雷日晖和张亚斌（2013）在企业异质性贸易理论的基础上，利用 2003 ~ 2010 年我国的 31 个省区市 39 个工业行业的相关数据，分析了融资约束对出口二元边际的影响，研究发现，对于高外部融资依赖行业而言，金融发展水平和出口二元边际值显著正相关。万璐和李娟（2014）运用 2000 ~ 2006 年中国企业层面 HS 8 位码出口数据进行了回归分析，研究表明企业出口的集约边际和扩展边际均受金融发展水平的显著影响。其中，宏观金融发展有利于两大边际值的提升；而微观金融发展指标如融资约束指标，其对两大边际的影响存在明显差异。陈梅等（2017）利用 2000 ~ 2006 年相关数据考察了金融发展对进口二元边际的影响效应，研究表明金融发展对于进口集约边际和扩展边际的作用均不明显。

2.1.3.3 对外贸易政策和制度

近年来，随着区域贸易自由化在全球范围内广泛开展，大量文献研究了区域贸易协定和出口二元边际变动之间的联系，研究侧重点在于实证分析贸易自由化对二元边际变动的相关影响机制。很多外文文献均证实了区域贸易协定的签订对扩展边际会产生显著的影响。凯赫和鲁尔（Kehoe and Ruhl，2002）利用18个国家参与贸易一体化进程中的相关统计数据，详尽分析了在贸易一体化过程中18个国家扩展边际的变化情况。以墨西哥对美国出口为例，他们在文中设计了一个时间序列模型，发现扩展边际的大幅提升与贸易自由化实施的时间相契合，证明了扩展边际的增长和贸易自由化程度密切相关。随后，阿穆尔萨纳和奎诺卡（Amarsanaa and Kurokawa，2011）等都实证了区域贸易协定与扩展边际的正相关关系。但是，学术界对于贸易自由化对二元边际的影响也存在异议。德巴埃和莫达沙里（Debaere and Mostashari，2010）利用伊顿等（Eaton et al.，2007）的模型，分析了1989～1999年北美自由贸易协定（NAFTA）国家扩展边际变动的特征。他们发现，关税对于扩展边际的总体影响相对较小，在扩展边际增长中仅有6.7%归因于美国关税减让。但是这并不意味着，贸易自由化在促进新产品增长方面作用微弱，关税减让措施仅仅是贸易自由化措施中的一种方法，其他贸易自由化措施，如加入双边贸易协定或多边贸易协定、投资自由化或者永久关税减让等政策，对扩展边际的影响可能更加巨大。

现有的外文文献为我们理解和考察区域贸易协定对二元边际的影响提供了良好的理论基础和研究视角，然而，关于中国签订的区域贸易协定对二元边际影响的相关研究却较少。芬斯持拉和凯（Feenstra and Kee，2007）利用1994年北美自由贸易协定（NAFTA）建立前后的数据，比较了贸易自由化导致的贸易成本的下降对墨西哥产品和中国产品出口多样化程度的影响效应。根据芬斯特拉和凯（2007）的研究，北美自由贸易协定作为一个虚拟变量进入模型后，对墨西哥出口产品种类多样化的拉动作用比中国更为显著。这可能有两个潜在的原因：一是中国出口产品种类的变化可能更多受到市场竞争的影响；二是中国制成品出口种类的拓展，很可能由特定行业的技术进步驱动。然而，特定行业的技术进步是难以观察到的，芬斯特拉和凯（2007）进一步考察了关税减让对中国出口产品种类的影响。1990～2001年，美国对从中国进口的产品所征税率平均降低20%，则中国出口的扩展边际值平均增长了3.7%。中国相关研究始于2009年，截至目前，越来越多的研究开始清晰地刻画区域贸易协定对出口二元边际的影响机制。马焕杰（2012）利用2002～2009年中国HS6位码产品对东盟各国出口的数据，研究了中国所有产品对东盟各国出口二元边际的现状、变动趋势及其影响因素，该研究发现，区域贸易协定对二元边际均具有促进作用，其对扩展边际的带动作用更显著。陈勇兵等（2015）基于CEPII-BACI数据库中1995～2012年中国对东盟各国出口的HS 6位码产品的贸易数据，发现中国—东盟区域经济一体化对集约边际和扩展边际均具有促进作用，中国—东盟自由贸易区成立带来的贸易自由化效应有效地提升了出口边际值，相较而言，对集约边际的影响程度更大。

2.1.3.4　其他因素

通过对与出口二元边际影响因素相关研究文献的梳理可以发现，由于影响出口二元边际的因素多种多样，除了贸易成本、金融政策和区域贸易协定等因素外，一些文献还从其他方面考察了集约边际变动和扩展边际变动的影响因素。丽安（Lian，2007）基于异质性企业贸易模型，进一步拓展建立了一个多部门贸易模型，文献根据该模型分析了要素禀赋差异对扩展边际的影响方向和影响程度，该研究验证了这样一个命题，即要素禀赋通过影响本国出口产品的比较优势，进而影响出口扩展边际的大小。莎拉（Sara，2007）以瑞典的出口为研究对象，分析了一国的研究能力和开发能力对出口产品种类数的影响。其基于固定研发成本模型，认为研究能力和开发能力的提升创造的空间知识溢出效应，该效应通过增加一国的创新能力进而影响出口国出口产品的种类数。换而言之，研究能力和开发能力主要通过新增出口产品的品种，而不是通过增加原出口产品的数量，影响出口绩效。钱学锋和熊平（2010）、孙一平等（2013）、李未元和冯淑敏（2014）、林僖和林祺（2017）考察了金融危机对中国特定产品出口特定市场集约边际和扩展边际的不同影响。王奇珍等（2016）使用1999~2009年中国工业企业数据库和中国专利数据库的匹配数据，表明技术创新和企业出口集约边际和扩展边际均显著正相关。范兆斌和张若晗（2016）以2000~2013年中国对34个经济合作发展组织（OECD）国家的移民数据和出口数据为基础，判断国际移民网络与贸易二元边际的关系。该研究表明，移民流量对出口集约边际的影响显著为负，移民存量对出口集约边际的影响显著为正，移民流量和移民存量对出口扩展边际的影响不显著。陈雯和孙照吉（2016）分析了劳动力成本与企业出口二元边际的关系。李兵和李柔（2017）考察了互联网对企业出口二元边际的相关影响。魏友岳和刘洪铎（2017）检验了经济政策不确定性对出口二元边际的影响。

通过对出口边际影响因素相关文献的梳理可以看出：

第一，在影响因素的选择上，随着中国参与国际贸易的领域不断扩展，出口产品的范围不断扩大，已有研究侧重于贸易成本对出口边际的影响，且多数仅涉及部分贸易成本。关于贸易成本，尤其是广义贸易成本包含的诸多组成部分，其对出口边际的不同影响缺乏更加系统深入的分析。现有文献关于细分的贸易成本对出口边际影响的问题较少，仍有待补充。

第二，在研究对象的选择上，现有大量文献主要集中研究出口二元边际的相关影响因素，对于三元边际影响因素的研究有待进一步拓展。

第三，在研究对象方面，现有大量文献主要针对中国全部产品出口二元边际影响因素的分析，仅小部分文献将中国农产品出口路径作为研究对象。原因可能是多方面的，如，影响农产品出口的政策贸易成本（关税壁垒和非关税壁垒）数据难以获得，即便获得数据也可能因样本数量限制使结论失真。针对我国全部产品出口二元边际影响因素的分析有待后续补充和完善。

2.1.4　关于农产品出口边际的研究

2.1.4.1　农产品出口边际的测度

迄今为止，与农产品出口二元边际测度相关的研究并不多见。利亚皮斯（Liapis，2009）较早地测度了农产品出口的二元边际。其将农产品对69个不同国家出口扩展边际定义为四个组成部分：即新增的出口产品出口至新增的出口目的国、新增的出口产品出口至原来的出口目的国、原有的出口产品出口至新增的出口目的国，以及跨国企业在原来的出口目的国市场上扩大原有的产品份额或者新增的产品份额。刘莉等（2013）利用1996~2011年SITC4分位贸易数据，结合产品维度和地理维度两个维度综合、客观地测度了“金砖五国”农产品和矿产品出口增长的集约边际和扩展边际的现状和结构特征。张宇青等（2014）根据1995~2010年农产品贸易的HS 6位码数据，利用HK方法[①]对中国农产品出口的二元边际进行了测度。鲍晓华和严晓杰（2014）结合产品和国别二维角度定义了贸易的二元边际，其将集约边际定义为既有出口产品出口到原有的出口市场，即老产品出口至老市场；将扩展边际定义为新产品出口至老市场、老产品出口至新市场和新产品出口至新市场之和。截至目前，杨逢珉和李文霞（2015）、颜小挺和祁春节（2016）基于赫梅尔和克莱诺（Hummels and Klenow，2005）的表达式，测度了农产品出口的扩展边际、价格边际和数量边际。

2.1.4.2 农产品出口边际对贸易增长的贡献

关于农产品出口二元边际与出口增长关系的研究起步较晚。利亚皮斯（2009）研究了不同类型的国家农产品出口二元边际对出口额的贡献程度，发现富有的国家对现有的贸易伙伴出口更多相同的产品，即主要通过集约边际扩大出口；较为贫穷的国家不断开拓新市场，并通过实现出口多样化，从而扩大扩展边际值提升出口规模。

近两年来，中文文献关于农产品出口二元边际的研究日渐丰富。谭晶荣等（2013）基于1996~2010年中国农产品对越南出口的细分数据，实证表明集约边际和扩展边际均拉动了中越农产品出口增长，相比之下，集约边际的拉动作用较小。张宇青等（2014）基于1995~2010年中国农产品出口HS 6位码数据，对比分析了扩展边际和集约边际对出口增长的贡献程度。该研究认为，扩展边际在中国农产品对发达国家出口中的带动作用更明

---

① HK方法是（Hummels and Klenow，2005）运用各种产品在世界出口中的比例作为权重，测算集约边际和扩展边际的方法。

显，而集约边际对出口额的促进作用在中国农产品对不发达国家的出口中更为显著。鲍晓华和严晓杰（2014）发现，2000～2010年，中国农产品出口总额的变化主要依靠集约边际作用所致，出口产品种类虽然有所增加，但是，新产品出口额对出口总额的贡献较小。袁得胜等（2014）利用1995～2010年 CEPII-BACI 数据库的农产品贸易数据，发现中国农产品出口增长主要受集约边际变化的影响，扩展边际对出口的影响程度很小，但扩展边际值提升迅速，因而具有较大的递增空间。耿献辉等（2015）和黄钰淇等（2016）都指出了中国农产品出口主要沿着集约边际方向增长，且集约边际的贡献率呈现增大趋势。目前，关于农产品出口三元边际与出口增长关系的中外文文献相对较少。杨逢珉和李文霞（2015）等考察了出口三元边际对出口增长的不同作用。

2.1.4.3　农产品出口边际的影响因素

利亚皮斯（2009）在对农产品出口额进行二元边际分解的基础上，虽然已经考虑到关税以其他影响因素对二元边际出口路径可能带来的影响，但由于微观数据的不可获得性，最终没有加入模型。现有中文文献以二元边际视角对中国农产品出口进行深入分析的研究包括，谭晶荣等（2013）采用了中越两国 1996～2010 年的农产品贸易数据，先分析了两国农产品贸易现状及其变化趋势，而后应用二元边际分析方法分别测算了中国和越南双边农产品出口增长的二元边际具体数值，同时，对影响二元边际变动的不同因素进行了估测。该研究结果显示，集约边际和扩展边际对于中国农产品对越南出口的增长和越南农产品对中国出口的增加均有贡献，相较而言，扩展边际的贡献率更大。中国和越南农业附加值和农产品出口二元边际显著正相关，中越两国的农业劳动力水平和二元边际同样显著正相关。鲍晓华和严晓杰

（2014）对中国农产品出口的二元边际进行了测度，并定量评估了SPS措施可能的影响。尽管发达国家和发展中国家采取的SPS措施对扩展边际均无显著影响，但是它们对集约边际的影响却有很大差异。袁得胜等（2014）认为，进口国的经济发展水平、可变成本、自由贸易协定的签署、突发经济冲击和农产品中间品属性等因素，对农产品出口的集约边际和扩展边际均有影响，但是影响机制和程度是明显不同的。耿献辉等（2014）对中国农产品出口二元边际影响的分析结果表明，贸易伙伴的生产率水平、固定贸易成本和扩展边际显著负相关。此外，研究进一步表明，可变贸易成本对初级农产品和加工农产品的二元边际影响程度不同，可变贸易成本对初级农产品的集约边际影响相对更大，而进口时间对加工农产品扩展边际的负向作用相对更大。郭俊芳和武拉平（2015）发现，农业经济规模相对值、出口贸易成本和农业生产率相对值主要作用于农产品出口的集约边际，可变贸易成本及固定贸易成本和农产品出口二元边际显著负相关。到目前为止，中外文文献关于农产品出口二元边际影响因素的研究较少，关于农产品出口三元边际影响因素的研究更有待后续补充。

因此，基于企业异质性贸易理论模型，结合三元边际分析方法，全面剖析中国农产品对特定市场的出口路径特征等问题，可以为与农产品出口相关的研究提供新的启示。该方面的研究，有进一步拓展和深入的空间。

2.1.5 关于农产品出口亚洲部分国家的研究

2.1.5.1 中国农产品对东盟的出口

关于中国农产品对东盟出口问题的相关外文文献数量较少。汤姆和麦克道尔（Thom and McDowell，1999）通过对中国与东盟市场农产品进出口现状进行分析，研究表明中国农产品种类与东盟农产品种类的竞争优势呈现出互补的特点，双边农产品贸易有持续扩大的空间。杨和陈（Yang and Chen，2006）研究发现，中国—东盟自由贸易区的建立有利于中国水稻对东盟出口规模的增加，而对中国菜籽油和糖类出口额的递增存在显著的阻碍作用。

研究中国农产品对东盟出口的中文文献数量相对较多，主要集中在中国农产品对东盟出口的贸易结构、贸易竞争性和互补性、出口贸易的影响因素 3 个方面。就出口贸易概况的研究而言，李培祥（2007）对 1997 ~ 2004 年中国，东盟两大市场农产品的进出口特征和结构变动趋势进行了系统分析，研究表明在中国对东盟出口的四类农产品中，出口的大宗农产品和出口的可直接用于消费的园艺产品存在一定的替代关系。黄祖辉等（2009）基于 1996 ~ 2007 年中国农产品对东盟市场的出口现状，研究发现谷物、油料作物和糖料作物等土地密集型农产品对东盟出口规模相对萎缩，而水产、畜禽和果蔬等劳动密集型农产品对东盟出口的竞争优势明显。

对出口贸易的竞争性和互补性而言，孙林（2005）运用出口相似性指数分析了 1985 ~ 2002 年中国和东盟农产品贸易结构的竞争关系和互补关系，认为中国和东盟农产品的产品结构差异导致进出口贸易以互补贸易为主。针对出口贸易的影响因素而言，孙林和赵慧娥（2004）运用 CMS 模型（恒定市场份额模型）分析 1987 ~ 2001 年中国农产品出口东盟增加的相关因素，研究认为中国对东盟农产品出口增长主要受东盟各国需求水平拉动的影响。赵亮和穆月英（2012）运用同样方法分析得出 1992 ~ 2009年中国农产品对东盟出口额占东盟农产品总进口额的比重较大，但出口份额主要依靠较低的价格获得，并且出口产品的竞争力逐渐减弱。

自 2010 年起，很多中文文献运用引力模型分析中国农产品出口东亚的影响因素。赵雨霖和林光华（2010）得出 GDP 总量、人口数量、两国空间距离和制度安排等因素都会影响农产品的出口。孙林等（2010）则认为，区域自由贸易协定显著地促进了中国农产品对东盟各国的出口。屈四喜（2011）研究发现，东盟对来自中国进口的农产品征收的关税严重阻碍了中国农产品的出口，实证指出东盟征收的相关关税水平每提高 1%，中国农产品出口额将减少 1% ~3.5%。东盟的国内生产总值（GDP）与中国农产品出口东盟总额显著正相关，中国的 GDP 与中国农产品出口东盟总额呈负相关关系，虚拟变量中国—东盟自由贸易区的建立有利于中国对东盟农产品出口额的提升。随后，宫同瑶等（2012）、孙林和倪卡卡（2013）、胡超（2014）和李清政等（2016）分别从贸易壁垒、东盟贸易便利化、中国—东盟自由贸易区进口通关时间和国家风险等方面，考察其对中国农产品出口的相关影响。

2.1.5.2 中国农产品对日本、韩国的出口

将农产品出口日本、韩国置于同一框架下的外文文献较少，而众多中文文献将农产品对日本、韩国的出口进行了比较研究。对出口贸易概况的研究来说，杨金超和杨逢珉（2013）比较研究了 2001 ~2011 年中国农产品对日本和韩国出口的规模，指出中国对日本农产品的出口规模远大于对韩国的出口规模，且对日本出口增长较为稳定。金缀桥和杨逢珉（2014）发现，2001 ~2013 年，中国农产品对日本出口额高于对韩国出口额，中国对日本、韩国农产品出口主要集中于两大类，即水产类农产品及其制品和蔬菜及其制品。对于出口贸易的竞争性和互补性来说，梁雪和崔振东（2009）基于所有农产品和分类农产品 2 个层面，结

合静态、动态以及结构 3 个研究视角，分析了 2002 ~ 2007 年中日韩农产品产业内贸易的现状，指出中日农产品进出口贸易和中韩农产品进出口贸易主要以产业间贸易为主，贸易产品结构呈现出很强的互补性，且中韩两国间农产品贸易的互补性稍弱于中日两国间农产品贸易的互补性，但中韩两国间农产品贸易产业内指数呈现上升趋势。李明权等（2010）结合区域显示比较优势指数和回归分析方法指出，1998 ~ 2008 年，中日在蔬菜等 20 类产品上存在很强的互补关系，不存在竞争关系。中韩两国在进出口谷物等 11 类产品上具有很强的互补性，而在肉类等六类产品进出口中显现出较明显的竞争关系。总体而言，中日之间有关农产品贸易的互补性强而竞争性弱，中韩之间农产品进出口贸易的互补性和竞争性均较强。耿晔强和李娜（2014）采用相对贸易优势指数和产品相似度指数两个指标考查特定国家农产品的出口竞争力，研究认为，2002 ~ 2012 年，中国农产品出口日韩两国的相对贸易优势指数均为正值，表明中国农产品的国际竞争力水平高于日韩两国，其中，劳动力密集型产品具有相对更高的竞争优势，土地密集型产品竞争力水平较低。中、日、韩三国农产品的出口相似度指数值均较低，说明中、日、韩三国的农产品贸易出口结构存在显著差异，出口以互补产品为主。

对出口贸易的影响因素而言，司伟等（2012）采用恒定市场份额模型（CMS 模型），从进口需求效应、出口结构效应和竞争力效应 3 方面对 1992 ~ 2010 年中日双边农产品贸易增长、中韩双边农产品贸易增长的主要因素进行了分析，研究发现进口需求效应是中国输日韩农产品出口增长的主导力量，而出口结构效应对中国农产品出口日韩存在制约作用，出口竞争力效应对中国输日韩农产品出口额增长的拉动作用日益显著。杨逢珉和杨金超（2014）收集 2001 ~ 2011 年按 HS1992 分类的数据，采用 CMS 模型进一步比较分析了影响中国对日本、韩国农产品出口的影响因素，指出日韩两国国内市场需求的提升是拉动中国农产品对日韩出口增长的主导因素，产品结构效应对促进中国对日本农产品输出增长影响显著，而产品竞争力效应对中国农产品出口韩国具有较强的促进作用。此后，金缀桥和杨逢珉（2014，2015）分别应用 CMS 模型和引力模型研究了中国农产品对日韩市场和韩国市场出口的具体影响因素。

通过对农产品出口亚洲部分国家相关的研究文献梳理发现，现存关于中国农产品对亚洲部分国家出口的研究，侧重于出口农产品的贸易结构、贸易竞争性和互补性、出口贸易影响因素三个方面。相比之下，对亚洲部分国家具有资源禀赋优势的农产品出口边际的研究较为少见，较少文献对中国农产品出口快速增长特征及增长方式进行研究，针对细分农产品种类出口亚洲部分国家的出口边际问题的研究更为鲜见。因此，从企业异质性贸易理论角度系统分析中国农产品出口的变动特征及变动方式，以探明农产品出口规模改变的深层原因的相关研究有待进一步深入。

2.2 相关理论

传统贸易理论根据产品和企业具有同质性，以及企业在完全竞争市场上规模报酬不变等假设条件，认为进出口贸易产生的主要诱因是不同国家间比较优势和要素禀赋的显著差异，国际贸易主要通过产业间贸易方式展开。其主要的理论贡献在于，解释了产品进行贸易的模式是发达国家和发展中国家间的垂直贸易模式。

自 20 世纪 60 年代起，国际贸易发展迅速，呈现了许多新趋势，如产业内贸易量逐年提高，产品种类日渐丰富，国际贸易开始向扩大化方向和多样化方向发展。产业间贸易理论与现实贸易方式存在着较大的反差。诸多局限促使以克鲁格曼为代表的国际贸易研究人员寻求新的贸易理论用以解释贸易产生的根本原因。新贸易理论基于企业同质性、产品差异化和企业在不完全竞争市场上具有规模经济的假设条件，指出市场结构的差异、产品的差异性和规模经济合力推动了国际贸易的发生，国际贸易主要通过产业内贸易方式展开。

自 20 世纪 90 年代以来，许多文献通过大量研究指出，新贸易理论也无法全面解释许多贸易产生的现实问题，认为并非所有的企业都会参与国际贸易，即使在同一产业内部，也存在出口企业和非出口企业在生产率和经济规模等方面的显著差异。对于这些涌现出来的贸易现象，新贸易理论很难予以解释。21 世纪初，新新贸易理论的代表理论——异质性企业贸易理论，打破了新贸易理论的基本假设，考虑了出口企业和非出口企业的差异，解释了企业异质性对贸易模式的影响，从而为更好地解释新的贸易现象奠定了理论基础。2000 年以后，大量研究围绕这一困局展开，如伯纳德等（Bernard et al.，2003）和梅里兹（2003）等的研究，这些研究都以企业异质性为前提假设，其中，又以梅里兹（2003）的研究最为学术界所关注。

与此同时，由于国家间政治、经济和文化等方面存在巨大的差异，全球经济一体化的推进进程面临着各方面的挑战，诸多国家和地区纷纷开始探求区域经济一体化的合作方式，该方式在推动各国经济发展中扮演着越来越重要的角色，关税同盟理论和自由贸易理论也开始逐渐丰富和完善。因此，区域经济一体化大背景下的企业异质性问题开始受到学术界的高度关注，在越来越多的出口贸易研究中成为焦点之一。

本章基于异质性企业贸易理论、关税同盟理论和自由贸易理论，对与本书相关的理论进行分析和评述。

2.2.1 异质性企业贸易理论

从理论发展的脉络而言，梅里兹（2003）经典企业异质性贸易模型是在克鲁格曼（1980，1981）新贸易理论的基础上扩展而来的，因此，梅里兹（2003）的理论模型保留了规模报酬递增企业在不完全竞争市场上生产差异化产品的基本假设，模型亦采用了 CES 效用函数进行理论推导。同时，该模型又添加了 2 个重要的假定条件：一是生产企业的生产率是不同的，导致企业具有异质性的特点。二是企业出口时，都需要面对一个开拓海外市场的固定成本。由于存在这个出口固定成本，生产率最低的企业可能由于无法盈利而放弃产品出口，退出该行业；生产率较低的企业，可能由于无法承受这一出口固定成本，只能退而求其次，选择在国内市场销售其产品；生产率较高的企业可以通过开拓国外市场，从而扩大其在该行业中的市场份额，实现规模效应。该理论模型所带来的贸易利益来源可以概括为，虽然企业在参与出口贸易后的生产率不变，但是，整个行业的平均生产率水平提高了，最终导致整个社会整体福利提高了。该理论是继新贸易理论之后，在国际贸易领域内的又一重大发展，也为后续异质性贸易理论的完善和发展奠定了坚实基础。

在梅里兹（2003）之后，学术界对上述提到的梅里兹（2003）经典基准模型的假设条件进行不断修改和完善。伯纳德（Bernard，2011）等在假设中添加了多产品异质性企业的假定，同样基于 CES 效用函数推导得到了多产品异质性贸易模型。该理论研究在拓展梅里兹（2003）低生产率的企业退出市场，高生产率的企业开拓国际市场研究结论的基础上，进一步提出了多产品高生产率的企业会调整企业内部产品结构，放弃生产市场需求较低的产品，从而达到企业内部产品的优化组合和配置。除此之外，伯纳德（2011）又将出口固定成本分解为阶段性的成本，包括企业的总体出口固定成本、特定市场的出口固定成本、特定产品的出口固定成本3类。这些成本的变化不仅会带来出口贸易量的变化，而且会导致不同生产率企业的出口市场数量、出口产品种类等指标的变动。这一理论模型的研究结论可以概括为，大量多产品异质性企业参与进出口国际贸易的市场竞争，既可以优化资源在产业内企业间的配置，还可以优化企业内产品的组合，这两种效应同时并存，意味着企业参与进出口贸易所带来的福利较之前更为显著。

在伯纳德（2011）之后，为了与基于CES效用函数扩展的多产品企业异质性模型进行比较，迈耶（Mayer，2014）在梅里兹（2003）和奥塔维亚诺（Ottaviano，2008）放松对CES效用函数设定的基础上，转而使用奥塔维亚诺等（Ottaviano et al.，2002）提出的拟线性效用函数。该模型的重要进步可以概括为，企业可以在不同竞争程度市场上选择有利于自身盈利的产品种类进行生产。当市场竞争激烈时，企业可能放弃生产生产率较低的产品，减少产品的种类，集中生产生产率较高的产品，使得产品之间产生了自侵蚀效应（cannibalization）。与此同时，由于企业更多地生产高生产率产品，放弃生产低生产率的产品，从而提高了企业层面的生产率。当出口刺激市场竞争的时候，企业自身生产率的提高也是另一种贸易利益来源。

关于将基础的企业异质性贸易模型运用到国际贸易实证的研究，可以从两条主线予以展开。一是引力模型是国际贸易中较为常用的模型之一，钱尼（2008）等吸收了梅里兹（2003）企业异质性贸易模型的若干假设条件，在引力模型基础上进一步拓展了出口流量决定的表达式。二是众多文献根据双边贸易的实际情况，对企业异质性贸易模型提出了更贴近实际的拓展。

钱尼（2008）在梅里兹（2003）研究的基础上，添加了企业生产率服从帕累托分布，以及多国不对称贸易成本与市场需求等假设条件。理论推导发现，首先，出口国国家规模的大小、劳动力生产率的高低、可变贸易成本的大小、固定贸易成本的大小和一个国家距离出口国家的距离远近共同决定了出口贸易流量的大小。其次，在理论模型中，固定贸易成本主要对产品出口的扩展边际产生影响，即会对出口厂商的数量产生影响；而固定贸易成本对产品出口的集约边际没有影响。最后，研究认为，异质性企业贸易理论能够解释国内消费品种下降、一国福利仍可以上升的原因。

梅里兹（2003）和奥塔维亚诺（2008）均基于生产函数连续分布的假设，即给定无限的市场进入者，由于贸易成本存在最大取值，只要有厂商达到最高生产率值，无论两国距离多遥远，从理论上来说，每个国家、每种商品都应参与贸易往来，该结论显然与现实中存在的大量“零”贸易流量相悖。面对这一困境，赫尔普曼等（Helpman et al.，2008）对生产函数的假设进行了修改，通过将一个截尾的生产率分布函数替代连续的生产率分布函数，使得每个行业内的生产率都面临一个上界。同时，对于一个存在若干非对称国家的开放经济而言，对部分贸易成本特别高的国家来说，若出口获利的生产率临界值高于生产率分布的上界，就会使得出口国所有厂商都不能在出口中获利，该推导为国际贸易中“零贸易”流量的问题找到了理论依据。伊顿（Eaton，2014）等则将假设条件主要修正为潜在的进入者不再是连续分布的，而是离散的整数，同时是有界的。因而，在有限抽取生产率的过程中，就会保证总有企业生产的最高生产率值是一个有界值，出口厂商无法克服因出口行为带来的固定成本和可变成本的增加，从而为国际贸易流量中的零值存在的合理性提供了解释理由。因此，对于需要分析具体贸易政策的学者而言，在应用异质性企业贸易模型分析出口行为时，可以根据具体的数据给出一个生产率上界，保证模型能够解释当前国际贸易中零贸易流量广泛存在的现象。

2.2.2　关税同盟理论

伴随着欧洲一体化进程的推进，区域经济一体化发展模式受到学界越来越广泛的关注。维纳（Viner，1955）的关税同盟理论通过对两种静态效应的分析，即贸易创造效应和贸易转移效应的分析，首次证明了关税同盟模式对参与国的福利影响是可以确定的，进而论证了对参与国带来消极影响的可能状况，从而不利于全球福利水平的提高。[①] 关税同盟引致的贸易转移效应和贸易创造效应，如图 2.1 所示。

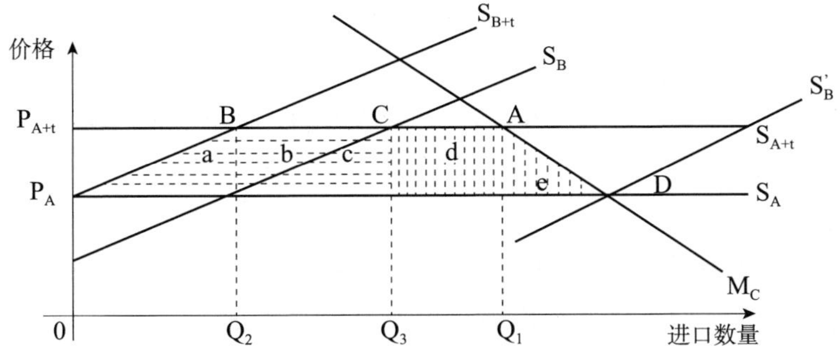

图 2.1　关税同盟的贸易创造效应和贸易转移效应分析

① 维纳. 关税同盟问题［M］. 上海：上海人民出版社，1995.

如图 2.1 所示，当 C 国从 A 国进口商品的自由贸易价格定为 P_A时，在自由贸易情况下，A 国的供给价格假定不变，即曲线设定为 S_A。在引入关税的情况下，C 国从 A 国进口商品的自由贸易价格变为 P_{A+t}，供给曲线变为 S_{A+t}。同样，若 C 国从 B 国进口商品，在自由贸易情况下 B 国的供给曲线为 S_B，在引入关税的情况下，B 国的供给曲线变为 S_{B+t}。在自由贸易区成立之前，A 国和 B 国出口 C 国时面对同样的关税 t 时，均衡点是 A 点，均衡价格为 P_{A+t}，C 国的总进口量为 Q_1，其中，B 国的出口量为 Q_2，A 国的出口量为 Q_1-Q_2。这时，C 国的关税收入为（a+b+c+d）。若 B 国和 C 国签订了自由贸易区协定，B 国出口 C 国的关税因此取消了，B 国的出口增加到 Q_3，C 国损失了（a+b+c）。即意味着，福利的总变化为 C 国的关税收入损失（a+b+c），而 B 国生产者剩余增加了（a+b），在自由贸易区建立后，总的福利减了 c，c 即属于贸易转移效应。自由贸易区除了能创造贸易转移效应，还能给参与国带来贸易创造效应。若 B 国在签订自由贸易协定后，大力投资某出口产品的生产部门，B 国的供给曲线就会从 S_B移动到 S_B'，这时，C 国市场的均衡点即为 D 点，均衡价格变为 P_A，B 国会取代 A 国成为 C 国的进口供应商。也就意味着，C 国会损失关税收入（a+b+c+d），但其国内消费者剩余增加（a+b+c+d+e）。C 国福利增加了 e，而 B 国由于出口增多，其生产者剩余也随之增加。

概括来说，关税同盟会产生贸易创造效应和贸易转移效应，只有当贸易创造效应高于贸易转移效应时，区域性贸易协定才能为其自由贸易区的参与国增加收益。继维纳（1995）之后，米德（Meade，1955）、约翰逊（Johnson，1960，1965）和帕纳加里亚（Panagariya，1996）等在贸易创造效应和贸易转移效应的基础上，提出了福利增长、竞争效应和投资效应等动态效应，从而为自由贸易区理论的完善和发展奠定了更为扎实的理论基础。

2.2.3 自由贸易理论

自由贸易区引致的经济福利效应与关税同盟带来的经济福利效应有所区别，英国学者罗布森（1991）将关税同盟理论运用于自由贸易区实践中，研究得出了专门针对自由贸易区福利的相关理论。罗布森认为在一定程度上，自由贸易区是经济一体化组织的一种基本形式。自由贸易区的形成有两大重要的特征。一是在自由贸易区内，各参与国间相互减免部分关税或全部关税及其他影响进出口的障碍，在区内实行自由贸易的同时，参与国对外不需实行统一的贸易政策，其保持对自其他国家进口的产品制定不同关税的权力。二是在假设的自贸区内实行严格的“原产地规则”，将内部自由贸易限定于原产于该区的产品，或绝大部分属于该区生产的产品。与本书研究相关的自贸区经济增长效应，可以用罗布森（1991）自贸区理论两国模型来进行分析，如图2.2所示。

如图2.2和图2.3所示，假设存在两国A国和B国，两国对商品的需求无差异，但是，A国的单位产品劳动生产率低于B国，导致商品A的价格 $P_A > P_B$。又假定A国的商品供给弹性小于B国的商品供给弹性，因此，供给曲线 S_A 较 S_B 更为陡峭。P_w 表示该商品的世界价格，假定 P_w 小于 P_A 和 P_B。另外，A国对商品征收 P_A 和 P_w 水平的关税，并且不存在运输成本。

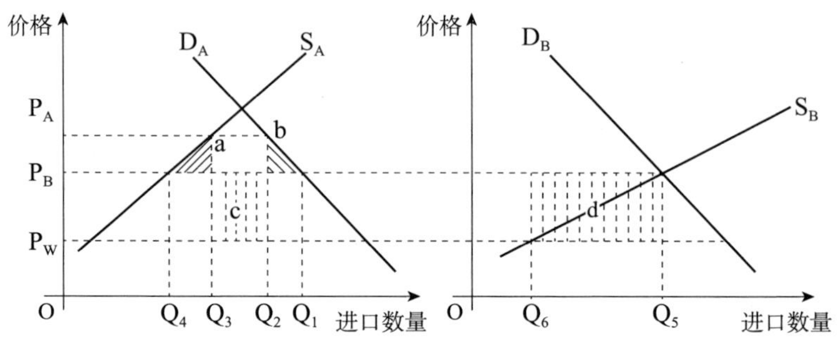

图 2.2　A 国商品的供给需求　　　　**图 2.3　B 国商品的供给需求**

根据图 2.2 所示，先考虑 A 国的福利变化情况：在自由贸易情况下，在价格为 P_A 的情况下，A 国的商品需求量为 Q_2，供给量为 Q_3，Q_2-Q_3 为该国的供需缺口，该缺口可从他国进口满足。因为 $P_B>P_w$，故 A 国选择从世界市场而非 B 国进口。B 国在商品 P_B 情况下达到供需平衡，均衡数量为 Q_5。当 A 国和 B 国签署自贸区协议后，A 国不再向 B 国征收进口产品的关税。此时（$P_w+P_AP_w$）$>P_B$，因此 A 国的缺口产品 Q_1-Q_4 将从 B 国进口，这样，A 国就有可能产生福利提高的贸易创造效应，如图 2.2 中的 a 面积部分加上 b 面积部分；也有可能产生福利降低的贸易转移效应，如图 2.2 中的 c 面积部分所示。这就意味着，A 国能否从图中假设的自由贸易区的建立中获得收益，需要取决于 $a+b-c$ 面积的大小。

根据图 2.3 所示，再考虑 B 国的福利变化情况：在签订自由贸易协议后，假设 A 国的供需缺口 Q_1-Q_4 将从 B 国进口 Q_5-Q_6 商品满足，B 国为满足本国商品需求将从世界市场进口 Q_5-Q_6 商品，B 国对进口的每单位产品增税为 P_BP_w 单位，即 B 国海关关税收入为 d 面积部分。所以，在 A 国和 B 国建立自由贸易区后，B 国获得的福利为正。

通过分析 A 国和 B 国签订自贸区协议后的福利变化，我们可知，自由贸易区的建立将增进生产效率更高、商品价格更低的国家的福利水平。而对于劳动生产效率较低的经济体，其福利水平可否提高取决于贸易创造效应大小和贸易转移效应大小的比值。总的来讲，自贸区对各国的福利作用是不一致的，但是正面作用还是较大的。

与本书相关的自贸区理论除了涉及贸易福利效应外，德瓦拉纪和罗德里克（Devarajan and Rodrik，1991）指出，在垄断竞争和寡头竞争市场结构下，贸易自由化不但会根据参与国的比较优势进行资源的优化配置，而且会引致不同的贸易竞争促进效应，而贸易自由化的竞争促进效应会大幅度提高国家的福利水平，该效应在大市场理论中也被阐述了。自由贸易区的建立，使参与国间的竞争也相应加剧，将这些参与方的小市场统一起来，结成为大市场。大市场会带来机器设备的专业化利用，新技术的引进和革新和产品的规模化生产等方面的改变，这些改变会使企业生产成本降低，从而使产品销售价格下降，再加上自由贸易区内的关税壁垒和非关税壁垒的大幅度下调，上述诸多变动的结合将带给消费者购买力的增加。消费者的福利改善就是自由贸易区建立产生的竞争效应。

通过对与本书相关的企业异质性贸易理论的阐述分析，我们可知：一是一国产品的出口增长既可以通过既有出口产品种类出口额的提升来实现，也可以通过新增产品种类出口额的增长来达到。企业异质性贸易理论的发展和完善，为本书对中国农产品出口亚洲部分国家三元边际的研究奠定了理论基础，有利于本书从微观层面进一步探究不同种类农产品出口三元边际的现状及其影响因素。因此可以认为，企业异质性贸易理论在很大程度上扩展了产品出口的研究视角和研究层次。二是在本书的主要研究中，中国和东盟十国及中国和韩国均基于自由贸易协定大幅削减双方的进出口关税，逐步实现“零关税”的目标。基于关税同盟理论和自由贸易理论的主要观点，本书考察了削减后的进口关税水平对中国农产品出口亚洲部分国家三元边际的影响方向及影响程度，比较了关税削减措施对出口国产生的贸易创造效应和贸易转移效应的大小。但是，截至目前，基于自由贸易区背景研究出口异质性问题的理论还不多见，仍有待后续挖掘和发展。

第3章

中国农产品出口亚洲部分国家的现状

中国自2001年加入世贸组织以来，农产品对亚洲部分国家的出口规模日益扩大，同时也面临许多阻碍和挑战。本章将结合出口贸易额和出口贸易结构两方面综合分析中国农产品对亚洲部分国家的出口现状。在中韩自由贸易区建立、中国—东盟自由贸易协定“升级版”的签订和中国“一带一路”倡议推进的大背景下，立足于现状的分析可以更好地促进中国与亚洲部分国家有关农产品出口方面的深入合作。

本章所涉及的1992年分类标准收集的HS 6位码数据均来源于联合国商品贸易数据库（http：//comtrade. un. org/）。依据《商品名称及编码协调制度》规定，农产品的界定范围涵盖 HS 编码01 ~24 章所有产品及其他章节的部分产品。①

3.1 出口额增长较快

3.1.1 出口规模显著递增

从出口额角度来看，如图3.1 所示，中国农产品对日本、韩国和东盟的出口额，自 2001 ~2015 年均呈现总体上升趋势。其中：（1）中国农产品对日本出口额从 2001 年的 55.72 亿美元上升至 2015 年的 93.53 亿美元，增幅为 67.86%。中国农产品对韩国出口额从 2001 年的 16.09 亿美元上升至 2015 年的 42.23 亿美元，增幅为 167.87%。中国农产品对东盟的出口额从 2001 年的 12.75 亿美元上升至 2015 年的 134.57 亿美元，增幅为

① 农产品包括具体章节：01 章（活动物）、02 章（肉及食物杂碎）、03 章（鱼、甲壳动物、软体动物及其他水生无脊椎动物）、04 章（乳品、蛋品、天然蜂蜜及其他食用动物产品）、05 章（其他动物产品）、06 章（活树及其他活植物、鳞茎、根及类似品、插花及装饰用簇叶）、07 章（食用蔬菜、根及块茎）、08 章（食用水果及坚果、柑橘属水果或甜瓜的果皮）、09 章（咖啡、茶、马黛茶及调味香料）、10 章（谷物）、11 章（制粉工业产品、麦芽、淀粉、菊粉、面筋）、12 章（含油子仁及果实、杂项子仁及果实、工业用或药用植物、稻草、秸秆及饲料）、13 章（虫胶、树胶、树脂、其他植物液及汁）、14 章（编结用植物材料、其他植物产品）、15 章（动、植物油、脂及其分解产品；精致的食用油脂；动、植物蜡）、16 章（肉、鱼、甲壳动物、软体动物及其他水生无脊椎动物的制品）、17 章（糖及糖食）、18 章（可可及可可制品）；19 章（谷物、粮食粉、淀粉或乳的制品；糕饼点心）、20 章（蔬菜、水果、坚果或植物其他部分的制品）、21 章（杂项食品）、22 章（饮料、酒及醋）；23 章（食品工业的残渣及废料；配制的动物饲料）、24 章（烟草、烟草及烟草代用品的制品）、2905.43（甘露糖醇）、2905.44（山梨醇）、3301（精油、香膏、提取油树脂和上述产品相关制品）、3501（蛋白类物质、改良淀粉和胶类物质）、3809.10（工业用淀粉物质整理剂）、3823.60（除 2905.44 以外的山梨糖醇）、41.01 -41.03（生皮）、43.01（生毛皮）、50.01 -50.03（适用于缫丝的蚕茧、生丝及废丝）、51.01（羊毛和动物毛）、52.01 -52.03（原棉、废棉和已梳棉）、53.01（原亚麻）和53.02（原大麻）。

955.38%。(2) 2001～2015 年,日本一直是中国农产品的第一大出口目的国，中国农产品对韩国的出口额在 15 年间波动增长，2015 年韩国已成为中国农产品的第二大出口目的国。中国农产品对东盟的出口额在 15 年间的年均增长率为 95.54%，出口额显著跃升。

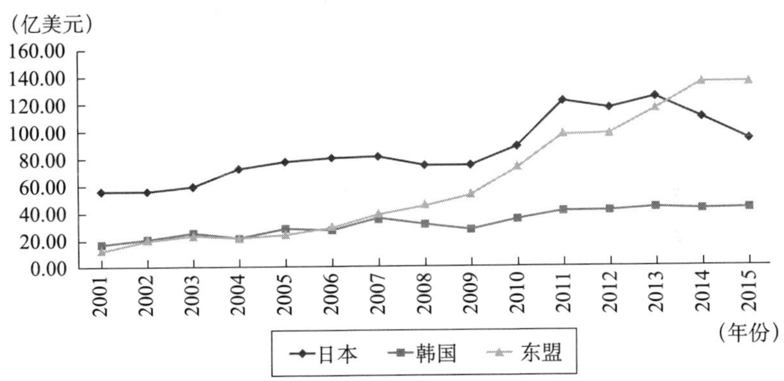

图 3.1　中国农产品对日本、韩国和东盟出口额

资料来源：根据联合国商品贸易数据库 2001～2015 年数据整理计算而得。

从中国农产品对东盟各国出口额的变动情况来看，如图 3.2 所示，从总体而言，2001～2015 年，中国农产品对东盟各国的出口额均呈现递增趋势。分国别来看：（1）中国农产品对越南的出口额增长变动最为显著，其值从 2001 年的 1.05 亿美元上升至 2015 年的 29.77 亿美元，增长了 31.99 倍。对泰国和马来西亚出口规模仅次于越南，农产品出口泰国的总额在 15 年间稳步增长，其值在 2015 年上升至 30.89 亿美元；中国农产品对马来西亚的出口额除了在 2004 年略有萎缩之外，其余年份均有所增长。印度尼西亚作为中国农产品出口东盟的第四大贸易伙伴，中国对其出口额较上述三国在 15 年间的波动更明显。中国农产品对越南、泰国、马来西亚和印度尼西亚四国的出口总额占对东盟出口总额的份额由 2001 年的 66.86% 上升至 2015 年的 79.69%，这四国已经成为中国和东盟农产品贸易中最重要的出口对象。（2）中国农产品对菲律宾、新加坡和缅甸三国的出口规模均有所增长。涨幅菲律宾居首，出口额由 2001 年的 1.40 亿美元上升至 2015 年的 14.37 亿美元；新加坡次之，出口额在 2015 年达到了 8.89 亿美元；缅甸作为中国农产品出口东盟的第七大贸易伙伴国，中国对其出口规模也明显增加。虽然中国农产品对这三国的出口规模较小，但是其在中国对东盟出口中的地位也不容小觑。（3）中国农产品对柬埔寨、老挝和文莱的出口规模相比东盟其余七国很小。2001～2015 年，中国对三国出口总额仅占出口东盟十国总额的 3% 左右。

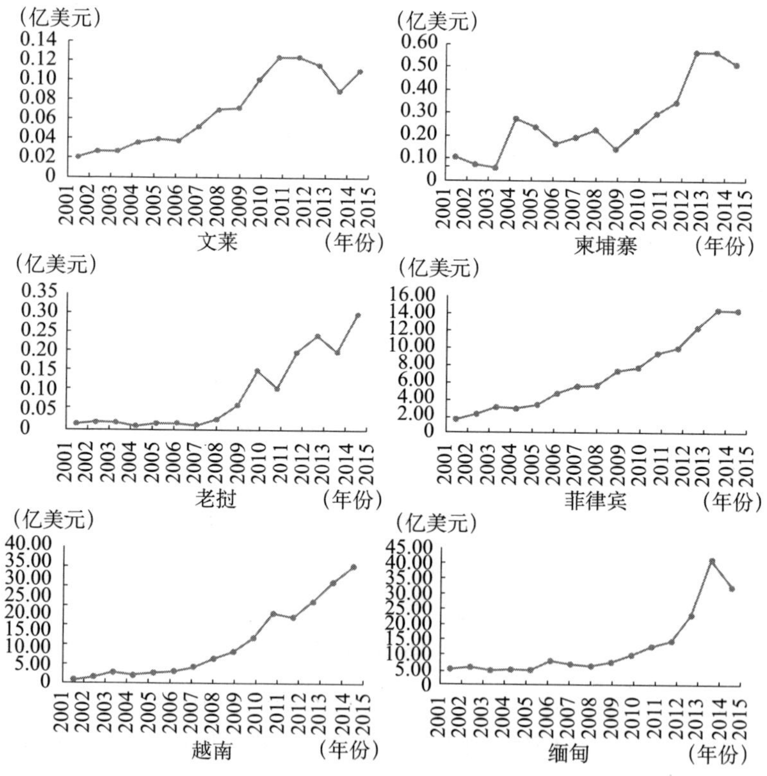

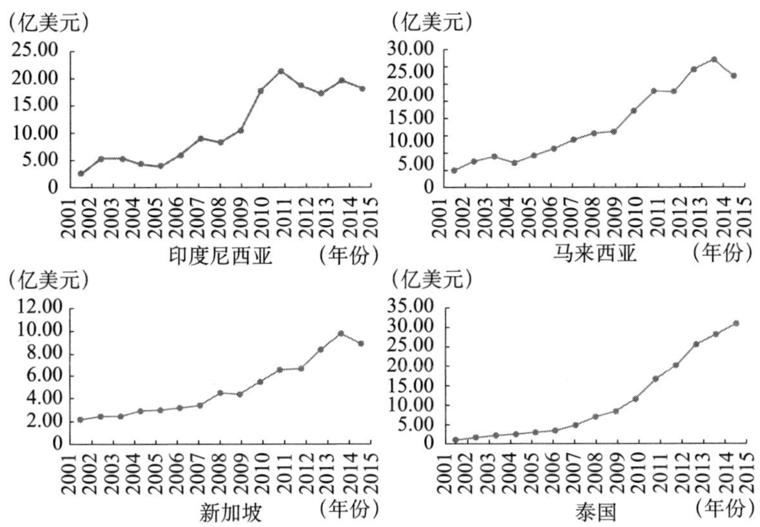

图3.2　中国农产品对东盟各国的出口额

资料来源：根据联合国商品贸易数据库2001～2015年的数据整理计算绘制而得。

3.1.2　出口增长率波动显著

从图3.3出口增长率角度看，中国农产品对日本、韩国和东盟的出口增长率在2001～2015年均出现显著波动。(1) 2001～2004年，中国农产品对日本的出口率增长明显，其年均增长率为9.41%。2004～2008年，增长率虽有小幅下降，但在2008～2011年，增长率呈现稳步上升趋势，2011年出口增长率达到37.24%，为15年间的峰值。此后，增长率频繁波动，在2012年、2014年和2015年呈现负增长，负增长率分别为－3.84%、－11.74%和－14.79%。(2) 中国农产品对韩国出口增长率的变化幅度比日本显著，2004年负增长率为－17.51%，为15年间负增长的最大值，而2007年增长率又达到34.45%，为15年间增长的峰值。

后受全球经济环境的影响，在 2008 年和 2009 年，增长率又呈现负值，为 -16.32% 和 -10.47%。在随后的 6 年间，增长率变动趋于平稳。（3）中国农产品对东盟的出口增长率较日本、韩国波动更为明显。2001 ~2015 年，除 2004 年增长率出现 -10.03% 外，出口增长率在其余年份均为正值。2002 年出口增长率为 52.78%，为 15 年中观测值的最大值。2012 ~2015 年，中国农产品对东盟的出口增长率变化程度趋于平缓，2015 年较 2014 年仅小幅增加了 0.29%。

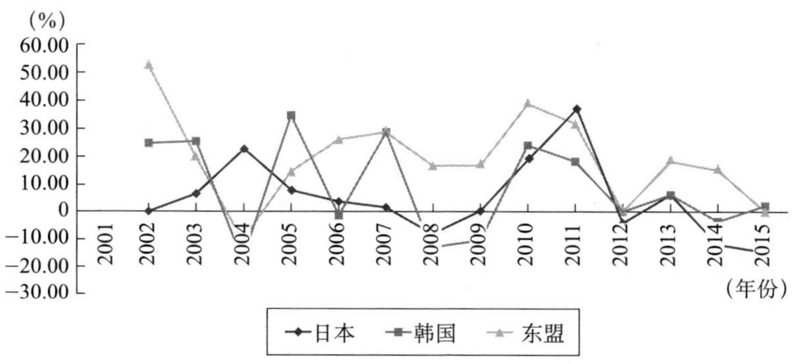

图 3.3　中国农产品对日本、韩国和东盟出口增长率

资料来源：根据联合国商品贸易数据库 2001 ~2015 年数据整理计算绘制而得。

如图 3.4 所示，我们进一步分析中国农产品对东盟各国出口增长率的变动情况。从总体而言，2001 ~2015 年，中国农产品对东盟各国出口增长率均呈现无规律波动。分国别来看：（1）波动幅度最大的 2 个国家分别是柬埔寨和老挝，中国农产品对柬埔寨出口增长率的波动范围在 -37.85% ~357.26%，而中国农产品对老挝出口增长率的波动范围在 -37.69% ~143.02%，振幅显著。（2）中国农产品对东盟其余 8 国出口增长率的变动较为平稳。特别是泰国，中国对其出口增长率在 15 年间一直保持正增长。越南、马来西亚和印度尼西亚，同样作为中国农产品出口东盟市场的主要目标国，中国对越南出口的增长率在近3年时间内有所提升，而对马来西亚和印度尼西亚出口的增长率有所下降。中国农产品对菲律宾、新加坡和缅甸出口的增长率波动也较平稳，其值在2009～2014年均有所提升，在2015年均有所递减。

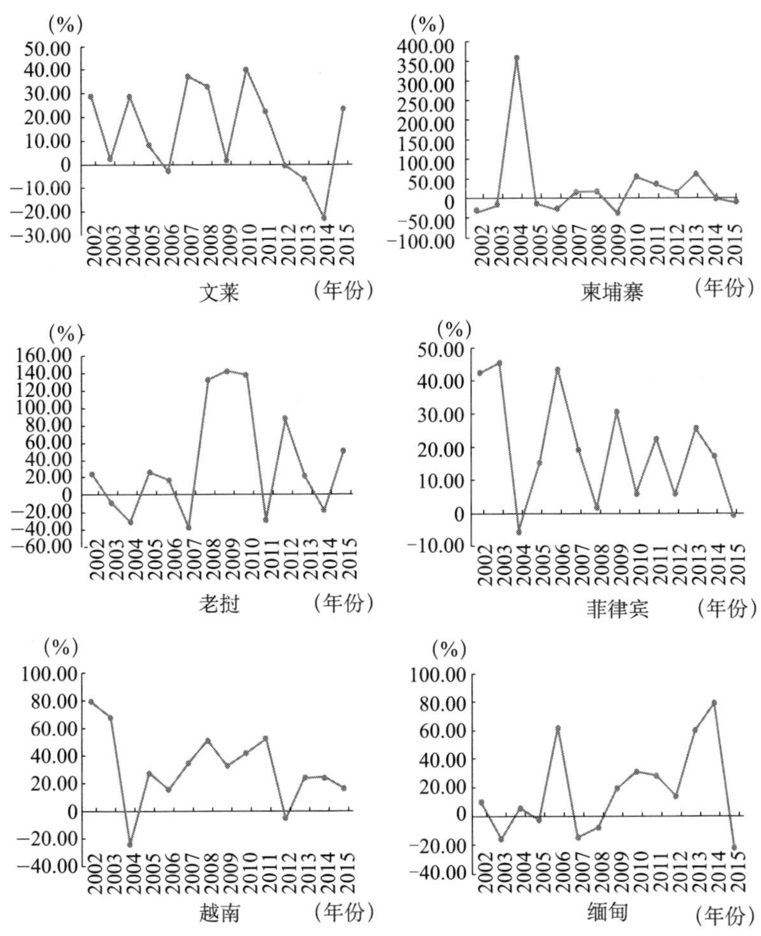

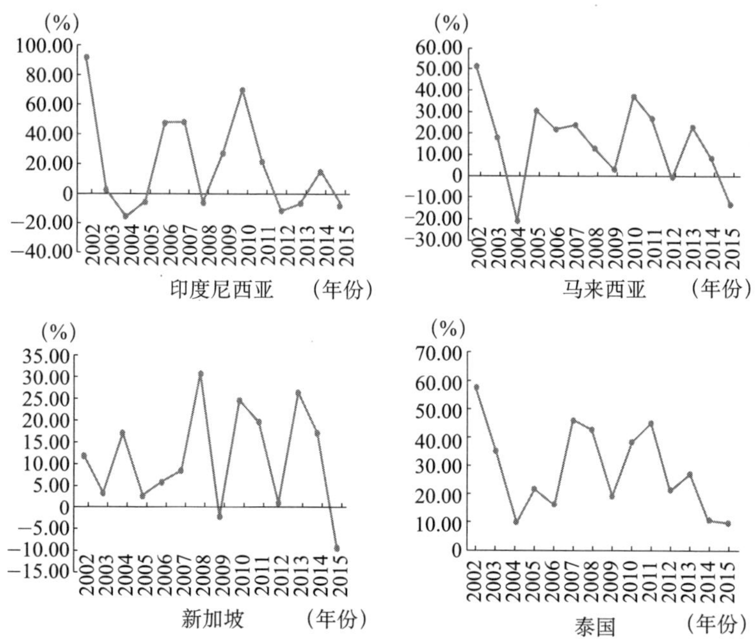

图 3.4　中国农产品对东盟各国出口增长率

资料来源：根据联合国商品贸易数据库 2001 ~2015 年数据整理计算绘制而得。

3.1.3　日本、韩国在中国农产品出口中的地位下降而东盟地位提升

从中国农产品出口日本、韩国和东盟总额占中国总出口的份额来看，如图 3.5 所示，2001 ~2015 年，日本、韩国市场在中国农产品出口中的地位有所下降，而东盟市场在中国农产品出口中的地位逐渐提升。（1）中国农产品对日本出口额占中国农产品总出口额的份额相当高，但在 15 年间，该比例波动下行。2001 年，中国对日本农产品的出口额占中国农产品出口总额的

34.88%，该份额于 2003 年下降至 27.69%，虽在 2004 年所占份额回调至 31.24%，但在 2005 年后逐渐下行，至 2015 年已下降至 13.32%。（2）韩国市场在中国农产品出口中的地位下降速度相对日本较平缓。2001 年，中国农产品对韩国出口额占当年中国农产品总出口额的 10.07%，此后该比重小幅振荡下降至 2015 年的 6.14%。（3）与此同时，东盟市场在中国农产品出口中的地位上升，从 2001 年的 7.98% 上升至 2010 年的 15.06%。得益于 2010 年中国—东盟自由贸易区的建立，东盟市场在中国农产品出口中的比重进一步上升，比重由 2011 年的 16.12% 上升至 2015 年的 19.22%，上升了 3.10%。2014 年和 2015 年，东盟市场已跃居成为中国农产品出口的第一大市场。

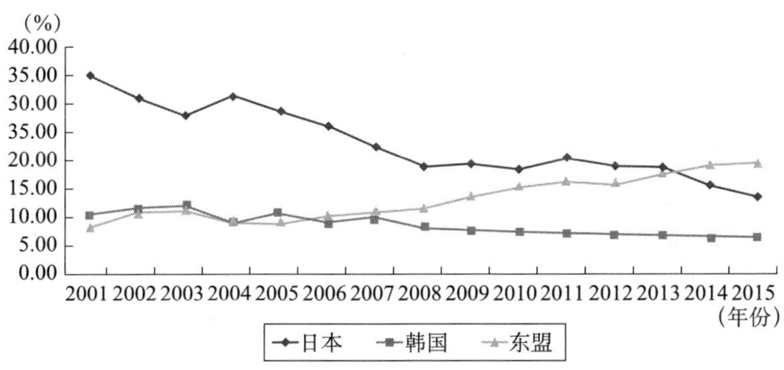

图 3.5　中国对日本、韩国和东盟农产品的出口额占中国农产品总出口额的比重

资料来源：根据联合国商品贸易数据库 2001～2015 年数据整理计算绘制而得。

从东盟各国市场在中国农产品出口市场中所占份额来看，如图 3.6 所示，2001～2015 年，除新加坡外，东盟其余九国市场在中国农产品出口中的地位逐渐提升。（1）中国农产品对马来西亚的出口额占当年中国农产品总出口额的比率相对较高，且在 15 年间，该比率波动上行，比重从 2001 年的 2.33% 上升至 2015

年的 3. 43% 。越南和泰国在中国农产品出口东盟市场的地位提升速度高于马来西亚，2001 年中国农产品对越南的出口额占当年中国农产品出口总额的 0. 65% ，此后稳步上升，至 2015 年该比重已上升至 4. 40% 。对于泰国而言，该比值也从 2001 年的 0. 63% 上升至 2015 年的 4. 40% 。（2）印度尼西亚的市场、菲律宾的市场和老挝的市场在中国农产品出口中的地位上升速度相对较缓。2015 年，中国对这三国农产品的出口额仅占当年中国对世界出口总额的 2. 58% 、2. 05% 和 0. 04% 。（3）在 2001 ~ 2015 年，文莱、缅甸、柬埔寨三国对中国农产品的需求均较小，不属于中国农产品主要的出口目的地。

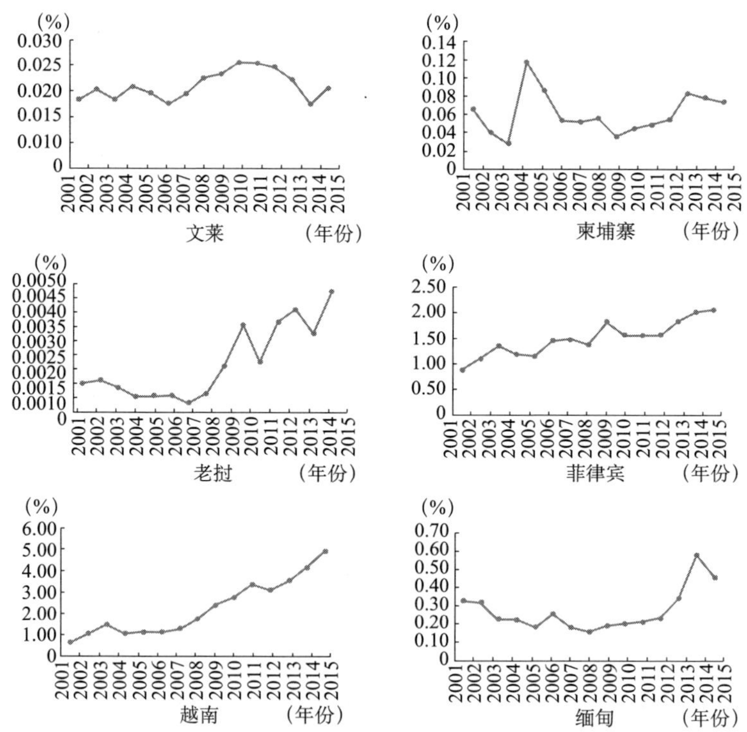

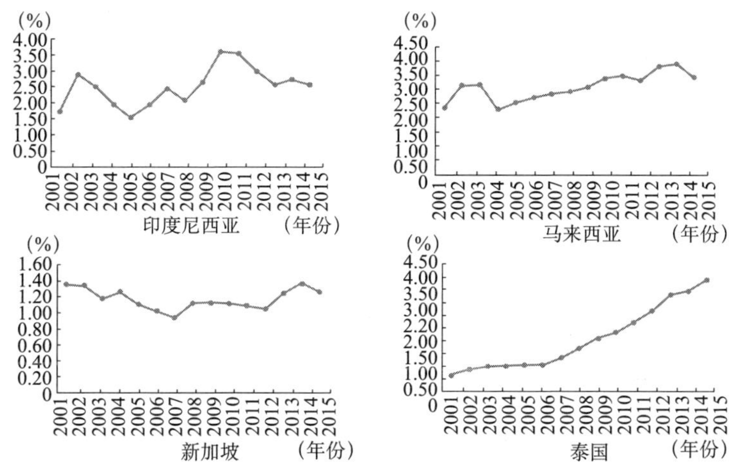

图3.6　中国对东盟各国农产品的出口额占中国农产品总出口额的比重

资料来源：作者根据联合国商品贸易数据库2001～2015年数据整理计算绘制而得。

3.1.4　中国农产品在日本市场、韩国市场和东盟市场的占有率趋同

从中国农产品在日本市场、韩国市场和东盟市场的占有率来看，如图3.7所示，2001～2015年，日本、韩国和东盟自中国进口的农产品总额占日本、韩国和东盟自中国进口的农产品进口总额的比重趋同。（1）2001～2015年，中国农产品在日本市场的占有率变化相对较小，2001年，日本从中国进口的农产品总额占当年从世界进口农产品总额的比重为13.59%，2015年该比重为17.42%，年均市场占有率为16.12%。（2）2001～2015年，中国农产品在韩国市场的占有率，在振荡中小幅下降。由2001年的18.54%上升至2003年的24.30%，2004年又急速下降4%，2005年又回升了3%，经过三起三落，2008年中国农产品在韩国市场的占有率回落至17.50%，后又调整至2015年的16.52%。

（3）2001～2015 年，中国农产品在东盟市场的占有率在小幅波动中提升，由 2001 年的 6.48% 上升至 2008 年的 8.32%，后又上升至 2015 的 13.98%。

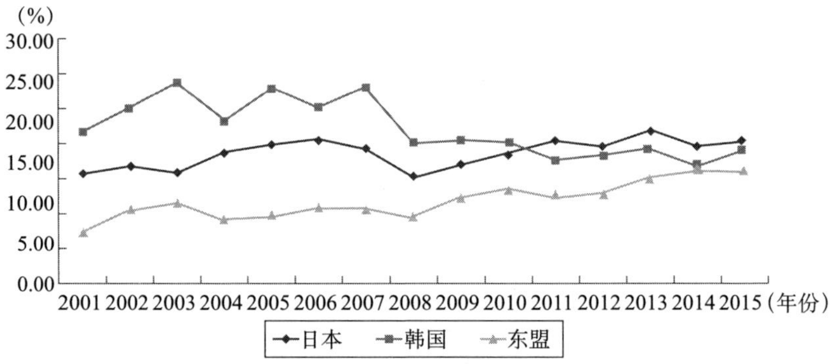

图 3.7　自中国进口的农产品总额占日本、韩国和东盟自中国进口的农产品总额的比重

资料来源：根据联合国商品贸易数据库 2001～2015 年数据整理计算绘制而得。

从中国农产品在东盟各国市场的占有率来看，如图 3.8 所示，中国农产品在东盟各国市场占有率的波动很大。（1）2001～2015 年，中国农产品在印度尼西亚、马来西亚、越南、缅甸和泰国的年均市场占有率均大于 10%，其中，中国农产品在泰国市场的占有率增长最快，从 2001 年的 3.36% 平稳增长至 2015 年的 22.23%。中国农产品对马来西亚、越南和印度尼西亚市场出口的占有率均有提升，提升幅度依次递减。中国农产品在缅甸市场的占有率虽然大于 10%，但在 15 年间出现下降趋势，从 2001 年 19.52% 波动下行至 2008 年的 7.57%，在 2013 年占有率虽有所回升至 14.37%，2015 年又下调至 10.95%。（2）2001～2015 年，中国农产品在新加坡、柬埔寨、老挝和文莱市场的占有率均低于 10%。其中，中国农产品在菲律宾市场和新加坡市场所占的份额又高于其余 3 国，说明柬埔寨、文莱和老挝对中国出口农产品的需求很小。

(%)
9.00
8.00
7.00
6.00
5.00
4.00
3.00
2.00
1.00
0
2001 2002 2003 2004 2005 2006 2007 2008 2009 2010 2011 2012 2013 2014 2015
文莱
(年份)
(%)
9.00
8.00
7.00
6.00
5.00
4.00
3.00
2.00
1.00
0
2001 2002 2003 2004 2005 2006 2007 2008 2009 2010 2011 2012 2013 2014 2015
柬埔寨
(年份)
(%)
5.00
4.50
4.00
3.50
3.00
2.50
2.00
1.50
1.00
0.50
0
2001 2002 2003 2004 2005 2006 2007 2008 2009 2010 2011 2012 2013 2014 2015
老挝
(年份)
(%)
16.00
14.00
12.00
10.00
8.00
6.00
4.00
2.00
0
2001 2002 2003 2004 2005 2006 2007 2008 2009 2010 2011 2012 2013 2014 2015
菲律宾
(年份)
(%)
25.00
20.00
15.00
10.00
5.00
0
2001 2002 2003 2004 2005 2006 2007 2008 2009 2010 2011 2012 2013 2014 2015
越南
(年份)
(%)
25.00
20.00
15.00
10.00
5.00
0
2001 2002 2003 2004 2005 2006 2007 2008 2009 2010 2011 2012 2013 2014 2015
缅甸
(年份)
(%)
14.00
12.00
10.00
8.00
6.00
4.00
2.00
0
2001 2002 2003 2004 2005 2006 2007 2008 2009 2010 2011 2012 2013 2014 2015
印度尼西亚
(年份)
(%)
20.00
18.00
16.00
14.00
12.00
10.00
8.00
6.00
4.00
2.00
0
2001 2002 2003 2004 2005 2006 2007 2008 2009 2010 2011 2012 2013 2014 2015
马来西亚
(年份)

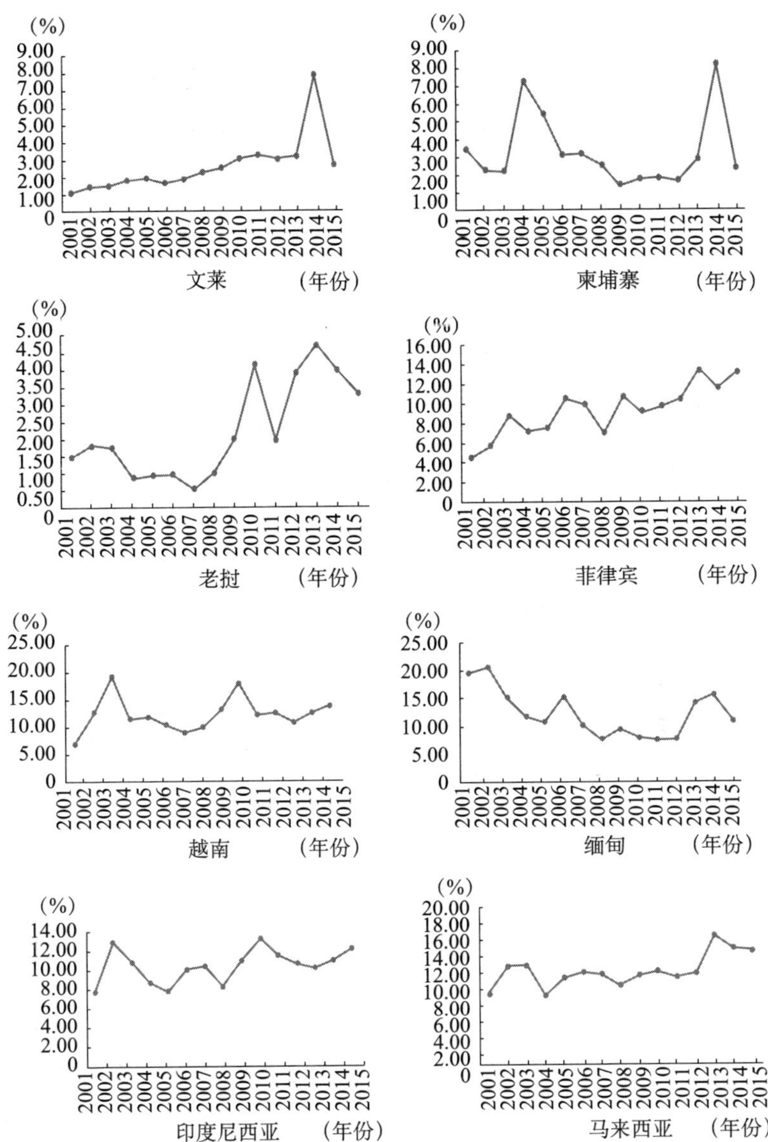

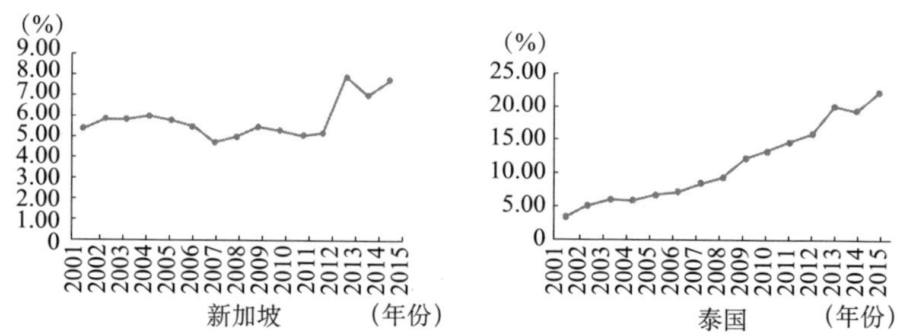

图 3.8　中国对东盟各国农产品的出口额占各国农产品总进口额的比重

资料来源：根据联合国商品贸易数据库 2001 ~2015 年数据整理计算绘制而得。

概括来说，尽管受全球经济低迷的影响，以日本和韩国为代表的传统市场对中国农产品需求仍较大，日本、韩国仍然是中国农产品的主要出口目的地。东盟各国作为新兴市场仍处在发展壮大中，中国农产品对其出口规模在近年间显著增长，特别是针对越南、泰国、马来西亚和印度尼西亚这 4 大东盟市场，虽然中国农产品出口东盟各国的国别差距明显，但中国农产品对东盟各国出口的潜力还是巨大的。

3.2　出口结构不断完善

3.2.1　园艺类农产品①是出口种类最多的产品

从农产品分类结构特征来看，详见表 3.1，中国农产品对日

① 其中，谷物类农产品包括 10 章、11 章、12 章和 19 章农产品。园艺类农产品包括 06 章、07 章、08 章、09 章、13 章、14 章、18 章、20 章和 24 章农产品。畜类农产品包括 01 章、02 章、04 章、05 章和 15 章农产品。水产类农产品包括 03 章和 16 章农产品。剩余农产品种类归为其他类农产品。由于其他类农产品对亚洲部分国家出口比例较少，本书并未将其考虑在内。

本、韩国和东盟出口种类最多的是园艺类农产品。（1）对日本而言，日本进口中国园艺类农产品的数量从 2001 年的 175 种波动递减至 2015 年的 131 种。中国谷物类农产品、畜类农产品和水产类农产品的出口种类同样在波动中递减，从 2001 年的 88 种、70 种和 90 种分别下降至 2015 年的 51 种、34 种和 46 种。谷物类农产品的年均出口种类数为 66 种，畜类农产品为 52 种，水产类农产品为 76 种。（2）对韩国而言，韩国进口中国园艺类农产品的数量从 2001 年的 122 种增加至 2003 年的 138 种，后又降至 2006 年的 105 种，2007 年出口种类数又急速回升至 2007 年的 136 种。2008 ~2013 年，中国园艺类农产品对韩国出口的种类数变动幅度较小，年均出口种类数为 120 种，2014 年大幅下降至 94 种，2015 年又回升至 124 种。中国谷物类农产品、畜类农产品和水产类农产品的出口种类在 15 年间缓慢递减，从 2001 年的 70 种、70 种和 74 种分别下降至 2015 年的 58 种、34 种和 59 种。（3）对东盟而言，中国园艺类农产品对东盟出口的种类数从 2001 年的 176 种小幅波动增长至 2015 年的 180 种，中国谷物类农产品、畜类农产品和水产类农产品的出口种类数在 15 年间缓慢递减，从 2001 年的 68 种、82 种和 62 种分别下降至 2015 年的 64 种、60 种和 41 种。总体来说，2001 ~2015 年，中国谷物类农产品、畜类农产品和水产类农产品对日本、韩国和东盟出口的种类数差别较小，而中国园艺类农产品对东盟出口的种类数高于对日本出口的种类数，中国园艺类农产品对韩国出口的种类数相对最少。

表 3.1　中国不同种类农产品对日本、韩国和东盟出口的种类数

单位：种

谷物类农产品				畜类农产品		
年份	日本	韩国	东盟	日本	韩国	东盟
2001	88	70	68	70	70	82

续表

	谷物类农产品			畜类农产品		
年份	日本	韩国	东盟	日本	韩国	东盟
2002	81	67	69	65	67	72
2003	80	72	77	65	72	70
2004	75	71	64	67	71	74
2005	75	76	68	65	76	68
2006	76	70	73	64	70	73
2007	71	61	72	58	61	80
2008	60	57	62	48	57	70
2009	55	57	65	43	57	68
2010	59	54	63	42	54	67
2011	53	57	56	46	57	71
2012	60	57	65	43	57	65
2013	54	59	61	38	59	66
2014	51	59	56	39	59	65
2015	51	58	64	34	34	60

	园艺类农产品			水产类农产品		
年份	日本	韩国	东盟	日本	韩国	东盟
2001	175	122	176	90	74	62
2002	166	135	176	84	70	58
2003	165	138	175	87	73	55
2004	167	135	177	82	70	65
2005	167	130	181	82	70	64
2006	162	105	174	88	77	60
2007	155	136	184	82	77	64
2008	143	127	177	81	69	53
2009	144	116	178	78	67	61
2010	141	119	180	72	65	63
2011	144	119	180	68	67	66
2012	141	117	173	74	63	64
2013	142	123	169	73	60	59
2014	131	94	185	66	59	65
2015	131	124	180	46	59	41

资料来源：根据联合国商品贸易数据库 2001 ~2015 年数据整理计算而得。

从中国 4 类农产品对东盟各国出口种类数来看，详见表 3.2，中国对东盟各国出口种类数在 2001～2015 年波动幅度均较小。（1）对谷物类农产品而言，2001～2015 年，中国对马来西亚和新加坡出口的年均种类数为 49 种和 45 种；中国对印度尼西亚、菲律宾、越南和泰国出口的年均种类数为 36 种、34 种、33 种和 39 种；缅甸、中国、柬埔寨和老挝对中国谷物类农产品需求的种类较小，老挝年均需求种类仅为 4 种。（2）对园艺类农产品而言，2001～2015 年，马来西亚、新加坡、泰国和印度尼西亚对中国园艺类农产品年均需求种类超过 100 种，年均需求种类数依次为 143 种、139 种、121 种和 102 种；越南和柬埔寨对中国园艺类农产品年均需求种类数为 99 种和 92 种；缅甸、文莱、柬埔寨和老挝年均需求种类数分别为 39 种、32 种、17 种和 15 种。（3）对畜类农产品而言，中国对马来西亚和新加坡出口的种类超过 30 种，分别是 35 种和 37 种；出口种类数介于20～30种的国家有印度、菲律宾、越南和泰国；畜类农产品出口的种类数小于 10 种的国家是老挝、文莱和柬埔寨。（4）对水产类农产品而言，中国对马来西亚、泰国和新加坡出口的种类数均大于 30 种，分别是 43 种、36 种和 45 种；中国水产类农产品出口文莱的种类数最少，除了在 2003 年、2004 年、2014 年和 2015 年有水产类农产品出口外，其余年份均不出口。

表 3.2　　中国不同种类农产品对东盟十国出口的种类数

单位：种

谷物类农产品								
年份	文莱	柬埔寨	印度尼西亚	老挝	马来西亚	新加坡	越南	泰国
2001	7	4	31	6	45	46	30	35
2002	5	3	37	2	47	44	34	34
2003	8	5	50	4	54	50	32	35

续表

谷物类农产品								
年份	文莱	柬埔寨	印度尼西亚	老挝	马来西亚	新加坡	越南	泰国
2004	9	6	36	4	50	42	32	35
2005	8	4	38	7	50	43	28	37
2006	6	5	39	5	61	49	33	43
2007	7	7	39	5	56	46	35	44
2008	4	2	35	3	50	43	30	42
2009	5	5	30	2	51	46	34	39
2010	7	3	34	2	47	49	34	40
2011	5	6	34	5	45	41	33	39
2012	5	7	36	2	47	42	33	42
2013	9	5	31	3	44	42	33	37
2014	5	4	28	4	42	41	36	37
2015	8	8	33	2	49	44	37	40
园艺类农产品								
年份	文莱	柬埔寨	印度尼西亚	老挝	马来西亚	新加坡	越南	泰国
2001	26	18	86	7	131	147	74	79
2002	26	17	92	6	126	135	77	93
2003	23	17	90	8	146	141	98	93
2004	26	21	105	21	142	135	94	107
2005	26	18	94	13	148	143	98	117
2006	28	13	99	18	151	139	102	125
2007	27	15	105	18	152	144	100	130
2008	28	14	96	16	142	131	100	130
2009	26	13	107	13	143	144	104	136
2010	32	18	112	23	138	138	103	141
2011	47	17	117	23	150	139	110	134
2012	51	16	112	26	137	141	104	130
2013	39	19	107	7	144	133	109	130
2014	47	20	104	9	146	135	116	127
2015	60	49	99	21	147	143	114	137
畜类农产品								
年份	文莱	柬埔寨	印度尼西亚	老挝	马来西亚	新加坡	越南	泰国
2001	5	5	26	4	34	40	15	25
2002	3	4	26	3	28	32	21	19

续表

畜类农产品								
年份	文莱	柬埔寨	印度尼西亚	老挝	马来西亚	新加坡	越南	泰国
2003	4	2	28	1	33	40	27	27
2004	4	1	29	1	34	38	24	23
2005	6	4	28	1	35	35	24	26
2006	3	5	33	2	40	31	30	28
2007	6	2	30	4	47	39	34	34
2008	5	2	29	2	35	36	32	33
2009	4	5	23	0	38	39	32	31
2010	4	5	23	2	40	33	30	34
2011	4	5	27	0	40	39	29	37
2012	6	4	24	2	30	39	29	38
2013	7	4	22	1	19	39	36	32
2014	6	6	22	2	38	40	30	32
2015	4	6	19	3	37	34	31	23

水产类农产品								
年份	文莱	柬埔寨	印度尼西亚	老挝	马来西亚	新加坡	越南	泰国
2001	7	0	19	0	38	44	8	36
2002	7	0	21	0	47	41	15	31
2003	5	0	24	1	41	45	15	34
2004	8	4	24	1	48	50	18	33
2005	10	6	28	0	44	49	21	40
2006	6	5	21	0	41	50	23	40
2007	8	4	18	0	39	48	18	41
2008	7	1	20	0	38	39	20	38
2009	8	1	19	0	41	45	24	38
2010	8	4	20	0	43	49	35	33
2011	9	2	23	0	51	47	29	42
2012	10	2	20	0	52	44	33	34
2013	12	2	20	0	46	46	32	38
2014	9	1	25	4	48	47	34	39
2015	9	3	15	1	32	30	23	28

资料来源：根据联合国商品贸易数据库 2001 ~2015 年数据整理计算而得。

3.2.2 出口以初级农产品[①]为主

为了区分农产品的加工程度，本书将农产品分为初级农产品和加工农产品两类。见表3.3，韩国和东盟十国对中国初级农产品的需求大于加工农产品。（1）对日本而言，除2001年外，中国加工类农产品对日本出口总额大于初级农产品。2002～2005年，中国初级农产品对日本出口额从27.47亿美元增长至32.91亿美元，出口额在2006～2008年略有下降，2009年起止跌回升，出口额至2014年达到46.59亿美元，2015年初级农产品对日本出口额为36.25亿美元。中国加工类农产品对日本出口额从2001年的25.50亿美元稳步递增至2007年的50.44亿美元，后又大幅下降至2008年的44.67亿美元，2009年继续微调至43.63亿美元，2009～2012年，对日本加工类农产品出口额从51.25亿美元回升至68.84亿美元，后又回落至2015年的36.25亿美元。（2）对韩国而言，2001～2015年，中国初级农产品对韩国出口额均大于加工农产品的出口额。韩国对中国初级农产品的需求量在波动中增长，由2001年的12.42亿美元上升至2003年的20.70亿美元，后又回落至2004年的15.44亿美元，除2005年和2007年中国对韩国出口额大于20亿美元外，2006年、2008年和2009年初级产品出口额均在17.20亿美元左右波动。2010年起，中国初级产品对韩国出口规模有所提升，年均出口额达到25.67亿美元。中国加工农产品对韩国出口额由2001年的3.67亿美元上升至2007年的14.51亿美元，后逐步回落至2009年的10.77亿美元，

① 初级农产品包括（HS01－HS14）编码产品，加工农产品包括（HS15-HS24）两类详见（Shepherd B.，Wilson N. L. W. Product standards and developing country agricultural exports：The case of the European Union，Food Policy，2013，42（06）：1－10.）Shepherd and Wilson（2013）.

2010～2013 年，出口额小幅回升至 2013 年的 17. 75 亿美元，2015 年又下降至 17. 10 亿美元。（3）对东盟而言，2001～2015 年，中国初级农产品对东盟的出口额显著大于加工农产品的出口额。初级农产品的出口规模由 2001 年的 7. 45 亿美元上升至 2015 年的 88. 10 亿美元，加工农产品的出口额由 5. 30 亿美元波动上升至 2015 年的 46. 19 亿美元。总体来说，中国初级农产品和加工农产品对日本出口的变动程度最小，对东盟出口的变动程度相对最大。

表 3. 3　　中国初级农产品和加工农产品对日本、韩国和东盟的出口额

单位：亿美元

初级农产品				加工农产品			
年份	日本	韩国	东盟	年份	日本	韩国	东盟
2001	30. 22	12. 42	7. 45	2001	25. 50	3. 67	5. 30
2002	27. 47	16. 24	12. 68	2002	27. 94	3. 85	6. 80
2003	28. 75	20. 70	15. 54	2003	30. 08	4. 56	7. 75
2004	33. 23	15. 44	12. 14	2004	38. 89	5. 39	8. 82
2005	32. 91	20. 75	13. 84	2005	44. 41	7. 32	10. 04
2006	32. 07	17. 84	17. 84	2006	48. 09	9. 90	12. 16
2007	30. 92	22. 79	24. 51	2007	50. 44	14. 51	14. 21
2008	30. 24	17. 45	25. 58	2008	44. 67	13. 76	19. 49
2009	31. 44	17. 17	35. 02	2009	43. 63	10. 77	17. 82
2010	37. 64	22. 02	50. 63	2010	51. 25	12. 62	23. 03
2011	45. 93	26. 44	65. 68	2011	61. 05	14. 51	31. 31
2012	48. 46	25. 51	59. 11	2012	68. 84	15. 49	38. 43
2013	45. 89	25. 91	73. 82	2013	64. 67	17. 75	42. 43
2014	46. 59	28. 44	88. 33	2014	63. 18	13. 79	46. 24
2015	36. 25	25. 99	88. 10	2015	57. 28	17. 10	46. 19

资料来源：根据联合国商品贸易数据库 2001～2015 年数据整理计算而得。

从表 3. 4 来看：（1）2001～2015 年，中国加工类农产品出口额高于初级农产品出口额的国家，有柬埔寨和老挝。中国初级农产品对柬埔寨的出口额自 2001 年的 23 万美元增长至 2015 年的1 382万美元；而加工农产品的出口额则由 2001 年的 1 035 万美元上升至2015年的3 749万美元，增幅显著。中国初级农产品对老挝出口总值在15年间均较小，年均出口额仅为194万美元；而加工农产品的年均出口额为732万美元。（2）2001～2015年，中国加工类农产品与初级农产品出口额逐年趋同的国家，有文莱、印度尼西亚、菲律宾和新加坡。如2014年，中国加工类农产品对文莱、印度尼西亚、菲律宾和新加坡的出口额为458万美元、95 346万美元、71 981万美元和45 914万美元，而加工类农产品对四国的出口额依次为417万美元、97 917万美元、3 453万美元和52 323万美元。（3）2001～2015年，中国加工类农产品出口额低于初级农产品出口额的国家，有马来西亚、缅甸、越南和泰国。至2015年，中国对马来西亚、缅甸、越南和泰国初级农产品的出口额，依次为151 441万美元、17 305万美元、282 421万美元和233 665万美元；而中国加工农产品的出口额依次为89 616万美元、14 974万美元、62 393万美元和75 208万美元。

表3.4　中国初级农产品和加工农产品对东盟各国的出口额

单位：万美元

初级农产品										
年份	文莱	缅甸	柬埔寨	印度尼西亚	老挝	马来西亚	菲律宾	新加坡	越南	泰国
2001	104	2 158	23	15 710	42	26 793	8 026	12 624	5 218	3 794
2002	153	2 259	30	36 089	23	41 269	11 812	14 844	13 560	6 721
2003	158	2 179	75	39 708	65	49 067	20 456	12 262	23 083	8 378
2004	167	2 336	158	27 963	55	31 573	14 888	13 387	18 068	12 771
2005	189	1 604	118	26 230	60	40 829	17 116	13 330	21 018	17 943
2006	166	2 168	33	38 943	67	49 873	27 941	12 839	26 420	19 963
2007	248	2 790	129	64 962	55	64 127	34 216	14 714	35 445	28 421
2008	392	2 516	428	51 097	155	62 906	30 279	18 197	48 597	41 183
2009	400	3 247	458	70 426	194	86 444	44 209	19 233	70 257	55 373
2010	625	3 578	1 078	126 874	398	118 692	39 267	26 676	105 553	83 518

续表

初级农产品										
年份	文莱	缅甸	柬埔寨	印度尼西亚	老挝	马来西亚	菲律宾	新加坡	越南	泰国
2011	814	4 560	1 784	140 004	320	149 634	48 949	32 623	158 285	119 800
2012	817	5 296	1 606	111 779	466	129 094	43 659	30 132	135 378	132 826
2013	735	11 044	2 943	96 533	261	171 432	53 338	38 594	181 851	181 499
2014	458	28 373	2 185	98 211	217	188 486	71 981	45 914	234 379	213 047
2015	706	17 305	1 382	95 346	527	151 451	66 631	38 188	282 421	233 665

加工农产品										
年份	文莱	缅甸	柬埔寨	印度尼西亚	老挝	马来西亚	菲律宾	新加坡	越南	泰国
2001	110	3 042	1 035	11 803	118	10 432	1 035	9 049	5 234	6 273
2002	123	3 449	694	16 589	174	15 183	694	9 399	5 233	9 176
2003	126	2 605	523	13 823	114	17 608	523	12 770	8 451	13 115
2004	200	2 708	2 576	16 590	67	21 106	2 576	15 905	5 905	10 780
2005	208	3 317	2 233	15 264	93	27 917	2 233	16 741	9 472	10 745
2006	220	5 794	1 603	21 949	111	33 743	1 603	18 931	8 652	13 403
2007	282	3 998	1 776	24 791	55	39 544	1 776	19 758	11 796	20 313
2008	313	3 761	1 829	32 040	103	54 383	1 829	26 840	22 538	28 372
2009	318	4 287	945	34 232	434	34 332	945	24 839	24 008	27 204
2010	363	6 310	1 125	50 329	1 099	46 939	1 125	28 214	28 294	30 803
2011	415	8 194	1 183	73 797	735	59 939	1 183	33 016	45 731	45 933
2012	411	9 172	1 846	75 152	1 515	79 366	1 846	36 238	58 070	67 914
2013	419	12 058	2 708	75 925	2 151	84 282	2 708	45 282	57 945	73 557
2014	417	12 984	3 453	97 918	1 762	89 075	3 453	52 323	63 332	68 723
2015	394	14 974	3 749	85 424	2 451	89 616	3 749	50 714	62 393	75 208

资料来源：根据联合国商品贸易数据库 2001 ~2015 年数据整理计算而得。

■ 第4章 ■

三元边际的分解及模型的构建

综合分析现有的中外文文献可知，传统贸易理论将研究重点集中在产业间贸易和产业内贸易上。20 世纪 80 年代，克鲁格曼和赫尔普曼等提出的新贸易理论，主要基于规模报酬递增和不完全竞争市场的假设条件，选用典型企业作为研究对象，解释了第二次世界大战以后产业内贸易广泛发展的动力源泉，但他们并未进一步考虑企业间的差异对出口贸易的影响。新新贸易理论的研究随后指出，不是所有国内的企业都会参与出口贸易，只有生产率达到一定高度的国内企业才会选择将其产品出口。由于具有差异生产率出口企业数量的数据获取难度较大，众多中外文文献根据进出口实践，基于产品种类层面结合出口产品的深度和广度解释了国际贸易产生的源泉。其中，钱尼（2008）的理论研究将产品出口归因于产品深度和产品广度两方面，对现有的出口贸易研究有很大帮助，受到众多实证研究的借鉴。本章进一步细化了出口边际的分解方法，构建了计算农产品出口三元边际和三元边际贡献度的表达式。在此基础上，基于钱尼（2008）的企业异质性贸易模型，试图通过建立更细致的新模型为本书探寻出口边际的相关影响因素，从而为本书后续的实证分析提供理论依据和理论支撑。

4.1　三元边际的分解

4.1.1　文献中关于出口边际的分解

综合中外文主要文献来看，现有文献并未对出口边际给出完全一致的定义。总的来说，现有绝大多数文献将集约边际界定为现有出口企业或既有出口品种在单一数量方向上的增加，而将扩展边际界定为新企业进入出口市场或新出口产品种类的涌现。集约边际体现了一国出口的专业化程度，而扩展边际则体现了一国出口的多样化程度。对比以往研究，不同文献对出口扩展边际和集约边际的计算方法各不相同。在国际贸易的实证研究中，关于出口边际的计算主要存在以下 3 种分解方法。

方法一：安德林和温库普（Anderson and Wincoop，2003）、(Besedes and Prusa，2007)、坎斯贝塞德和普鲁萨（Kancs，2007）将从 i 地到 j 地的出口额 E_{ij}，看作是单位企业的平均出口额 X_{ij} 和出口企业总数量 N_{ij} 的乘积，如式（4.1）所示。

$$E_{ij} = X_{ij} \times N_{ij} \tag{4.1}$$

赫尔普曼（Helpman，2008）将出口企业的总数量 N_{ij} 界定为贸易的扩展边际，单位企业的平均出口额 X_{ij} 界定为贸易的集约边际。该方法较为清晰地提出了出口二元边际的概念，但是在出口贸易实践中，出口企业总数难以全面统计，导致该界定方法在实证研究中可操作性较差。赫尔普曼将单位企业的平均出口额界定为贸易的集约边际，该方法用来衡量一国出口的专业化程度，也未能准确体现集约边际的核心含义。随后，相关研究又立足于出口贸易实际，从产品横截面角度考虑了既有出口产品规模的扩大和新增产品种类的增多带动出口变动的情况。在出口贸易实践中，将扩展边际定义为 t 时期特定国出口到 j 国产品 HS6 位码级产品的种类数，即$EM_{jt}=\sum_{i\in I_{jt}}n_{ijt}$。$EM_{jt}$表示一国出口到贸易伙伴产品的 HS6 位码种类数，即类似于式（4.1）中的 N_{ij}，i 表示某一类别的产品，j 表示贸易伙伴，I 表示所有产品种类。集约边际定义为 t 时期中国每项 HS6 位码产品出口到目的国的平均出口额，即各行业贸易总额除以扩展边际值$IM_{jt}=\frac{E_{ij}}{N_{ij}}$，$IM_{jt}$表示一国出口到贸易伙伴的集约边际，即类似于式（4.1）中的 X_{ij}。该方法较为清晰地体现了扩展边际的含义。但是，将集约边际认定为当年出口产品种类的平均出口额，未能准确衡量集约边际的大小，也没有考虑出口边际动态变化的过程。从而难以准确判断出口边际的变化对出口模式的相关影响，因此，有待进一步深入探讨。

方法二：赫梅尔和克莱诺（Hummels and Klenow，2005）基于动态角度，在对出口二元边际进行分解的基础上，提出了出口产品扩展边际和集约边际的界定方法。

首先，将出口分解为扩展边际 EM 和集约边际 IM，具体衡量方法如下：

$$EM_{ck}=\frac{\sum_{j\in I_{ck}}P_{rkj}X_{rkj}}{\sum_{j\in I}P_{rkj}X_{rkj}} \tag{4.2}$$

在（4.2）中，c 表示出口国，k 表示进口国，r 表示参照对象（一般选取世界作为参考整体）。之所以选择世界作为参照对象，是为了保证一国出口的产品是参照对象出口产品的子集。j 表示进口产品系列，I_{ck}、I 分别是一国、世界出口进口国产品的集合，$I_{ck}\in I$。I_{ck}、I 分别是一国出口 k 国、世界出口 k 国产品的集合，$I_{ck}\in I$。P、X 分别代表单件产品的出口价格和单价商品的出口数量。扩展边际代表的是出口国和世界对进口国的出口中重合产品的贸易额比值，该比值的具体含义是指，以出口国出口到进口国的所有产品种类为标准，世界对进口国同种类产品的出口额占世界对进口国总的产品出口额的比重。该值越大，说明出口国出口至进口国的产品与世界出口至进口国的产品重叠的种类越多，出口国出口的产品多样化程度越高，从而出口的扩展边际就越大。

$$IM_{ck} = \frac{\sum_{j \in I_{ck}} P_{ckj} X_{ckj}}{\sum_{j \in I_{ck}} P_{rkj} X_{rkj}} \tag{4.3}$$

在式（4.3）中，集约边际是指，在相同的产品出口序列中，出口国产品对进口国的出口额占世界所有国家产品对进口国出口额的比重（以出口国出口到进口国的所有产品种类为标准），该指标越大意味着在相同产品序列上，出口国向进口国出口了更多相同产品，即出口国的集约边际越大。

在式（4.3）中，将出口国产品对进口国的出口额占世界所有国家产品对进口国出口额的比重界定为集约边际，该界定方法并不能准确地体现出口品种在单一方向上数量的增加。在式（4.3）中，关于扩展边际的界定，也无法准确判断新增出口产品种类出口规模变动的大小，该界定方法有待进一步商榷。

赫梅尔和克莱佑（2005）又将式（4.3）中的集约边际分解为数量边际和价格边际两部分，将一国出口分为扩展边际、数量边际和价格边际三部分。该分析方法同样忽略了退出出口产品种类出口额的变化对出口产生的相关作用。

方法三：阿米提和弗兰德（Amiti and Freund，2008）也从产品层面动态地定义了出口产品的扩展边际和集约边际。其将集约边际界定为相邻时期、同种类产品出口产品价值的增加，扩展边际是指，出口特定对象国出口产品种类的增加或同样产品出口对象国数量的增加。从产品层面动态定义扩展边际和集约边际的方法，从时间序列角度考察了出口产品种类或同种类产品出口对象国数量的变化对贸易额的影响。阿米提和弗兰德（2008）计算过程主要分为两步，具体如下：

$$ER = EM \times IM = \frac{\sum_{i \in Imt+1} x_{mit+1}}{\sum_{i \in Imt} x_{mit}} \tag{4.4}$$

在式（4.4）中，i 表示产品类别，且 i 属于 I 中某一种类，$\sum_{i \in Imt} x_{mit}$表示 t 时期 i 产品出口到 m 国的总额和 $\sum_{i \in Imt+1} x_{mit}$表示 t+1 时期 i 产品出口到 m 国的总额。式（4.4）又可以改写为如式（4.5）所示：

$$ER = EM \times IM = \left(\frac{\sum_{i \in Imt+1} x_{mit+1}}{\sum_{i \in Imc} x_{mit+1}} \middle/ \frac{\sum_{i \in Imt} x_{mit+1}}{\sum_{i \in Imc} x_{mit}} \right) \times \frac{\sum_{i \in Imc} x_{mit+1}}{\sum_{i \in Imc} x_{mit}} \tag{4.5}$$

在式（4.5）中，Imc 表示，在 t 时期和 t+1 时期出口到 m 国的产品，式（4.5）将 ER 分成两部门，括号里的内容表示出口产品种类增加或出口目的国增加带来出口额的变化，将其认定为出口的扩展边际。式（4.5）中的最后一项，也就是在两个时期都出口的产品种类出口额的比值，该比值认定为出口的集约边际。但是，该计算方法笼统的将出口种类的变化应用到等式中，还有进一步优化的空间，本书认为，出口产品种类的变化应包括对特定出口目的国新出口品种的增加和原出口品种的减少两部分，而我们的计算中也应该将这两部分的变动分开考虑。

4.1.2 本书理论模型的构建

基于上文分析，在出口边际衡量过程中，本书将式（4.5）

中出口产品种类数记为三个组成部分，其包括既有出口产品的种类数加上新增出口产品的种类数，再减去退出出口的产品种类数。在分析出口边际问题时，借鉴阿米提和弗兰德（2011）、耿献辉（2014）、鲍晓华（2014）和曹亮（2014）有关农产品出口边际的界定，将异质性贸易模型涉及的具体出口产品种类数认定为农产品出口的 HS6 位码种类数。

出口边际的计算方法扩展如下：

第一步：基于农产品 HS6 位码数据，我们先定义 t_0 时期 ~ t_1 时期出口额的变化率为 g_{ER}，$g_{ER}=\frac{\sum_{i\in ijt_1}V_{t_1}-\sum_{i\in ijt_0}V_{t_0}}{\sum_{i\in ijt_0}V_{t_0}}$。其中，$i\in ijt_1$ 在 t_1 时期从 i 国出口到 j 国的农产品，$i\in ijt_0$ 表示 t_0 时期从 i 国出口到 j 国的农产品，且 V_{t1} 表示在 t_1 时期从 i 国出口到 j 国的农产品出口额，V_{t0} 表示在 t_0 时期从 i 国出口到 j 国的农产品出口额。

第二步：将 g_{ER} 分解为式（4.6）中的三项之和。

$$g_{ER}=\frac{\sum V_{t_1}(I_{t_1}^{E})-\sum V_{t_0}(I_{t_0}^{E})}{\sum_{i\in ijt_0}V_{t_0}}+\frac{\sum V_{t_0}(I_{t_1}^{N})}{\sum_{i\in ijt_0}V_{t_0}}-\frac{\sum V_{t_0}(I_{t_0}^{D})}{\sum_{i\in ijt_0}V_{t_0}} \tag{4.6}$$

在式（4.6）中，$I_{t_1}^{E}$ 表示 t_1 时期和 t_0 时期从 i 国出口到 j 国既有出口的农产品种类，$I_{t_1}^{N}$ 表示 t_0 时期不出口而 t_1 时期新增出口的农产品种类，$I_{t_0}^{D}$ 表示 t_0 时期出口而 t_1 时期退出出口的农产品种类。

第三步：可将 $\frac{\sum V_{t_1}(I_{t_1}^{E})-\sum V_{t_0}(I_{t_0}^{E})}{\sum_{i\in ijt_0}V_{t_0}}$ 看作出口的集约边际，可以理解为既有出口的农产品种类出口额的变动率，记作 g_{IM}；$\frac{\sum V_{t_0}(I_{t_1}^{N})}{\sum_{i\in ijt_0}V_{t_0}}$ 看作出口的扩展边际，可以理解为新增出口的农

产品种类出口额的变动率，记作 g_{EM}；$\frac{\sum V_{t_0}(I_{t_0}^D)}{\sum_{i \in ijt_0} V_{t_0}}$ 看作出口的退出边际，可以理解为退出出口的农产品种类出口额的变动率，记为 g_{DM}。后文中，集约边际用 IM 表示，扩展边际用 EM 表示，而退出边际则用 DM 表示。[①]

第四步：各边际对出口变动率的贡献度可以用方程（4.7）表示：

$$r_{IM} = \frac{g_{IM}}{g_{ER}} r_{EM} = \frac{g_{EM}}{g_{ER}} r_{DM} = \frac{g_{DM}}{g_{ER}} \tag{4.7}$$

在式（4.7）中，r_{IM}表示集约边际对出口变动率的贡献度，r_{EM}表示扩展边际对出口变动率的贡献度，r_{DM}表示退出边际对出口变动率的贡献度。

总的来说，集约边际代表，既有出口的农产品种类出口额的变动率，该界定方法和阿米提和弗兰德（2011）有关集约边际的界定一致。本书进而将扩展边际的界定分为两部分，一部分为，新增出口的农产品种类出口额的变动率，即为出口的扩展边际；另一部分为，退出出口的农产品种类出口额的变动率，将其界定为退出边际。关于扩展边际和退出边际的界定，不仅可以把握新增出口的农产品种类的出口规模及变动趋势，还可以重点考察退出出口的农产品种类的出口规模及变动趋势，提升新增出口农产品种类的出口可持续性，尽可能地减少退出出口的农产品种类，带动出口规模的扩大。通过出口边际贡献程度的分析，也可以更好地判断中国全部农产品和不同种类农产品在出口亚洲部分国家时，主要受哪一种边际的影响。

① IM 表示 intensive margin 的缩写；EM 表示 extensive margin 的缩写；DM 表示 exited margin 的缩写，为了和 extensive margin 的缩写加以区别，本书将其缩写为 DM，表示 Drop out Margin.

也就是说，判断不同种类农产品出口边际对出口变动率贡献程度的大小。

4.2　基于理论的计量模型构建

为了进一步深入探究出口三元边际的影响因素，本书引入钱尼（2008）的异质性企业贸易模型。

模型先假设存在的 N 个潜在的国家都是对称的，且只投入一种同质的生产要素劳动力 L 进行生产。潜在的国家存在两大部门：O 部门和 H 部门，O 部门生产单一的同质产品供给市场，H 部门则生产连续的差异化产品供给市场。如果消费者购买了 q_0 单位的产品 0，又购买了 H 部门 W 单位的差异产品 $q_{h(\omega)}$。每个国家的消费者从购买 H + 1 部门生产的产品中获得最大化效用。其中，下标 h 表示 H 中的第 h 个部门，ω 表示每一种商品的种类。消费者效用函数可以表示为式（4.8）。

$$U \equiv q_0^{\mu_0} \prod_{h=1}^{H} \left(\int_0^{\Omega_h} q_h \ (\omega)^{\frac{\sigma_h - 1}{\sigma_h}} d_\omega \right)^{\frac{\sigma_h}{\sigma_h - 1}} \mu_h \qquad (4.8)$$

在式（4.8）中，μ_0 表示 0 部门消费占支出的比重，μ_h 表示 h 部门消费占支出的比重，$\mu_0 + \mu_h = 1$，两种不同商品 h 之间的替代弹性 $\sigma_h > 1$，方程式同时假设 $H > 1$，从而确保不同种类差异产品的替代弹性可以进行比较分析。

关于贸易成本的假设，假设 0 部门生产的同质性产品参与自由贸易，我们将其作为计价单位，价格统一认定为 1。模型进一步假定该部门的规模收益不变，w_n 假设为 n 国的生产率水平，n 国每投入一单位的劳动力则可以生产 w_n 单位 0 部门的产品。同时，模型假定贸易伙伴国具有大小不同的劳动力规模 L_n 和生产

率水平 W_n。在此基础上，出口企业进行出口贸易需承担两种不同类型的成本（固定成本和可变成本）。其中，固定成本不因销售量的改变而变化，而可变成本则可以认为是“冰山型”的，即一单位的差异产品 h 从 i 国运送到 j 国，仅有$\frac{1}{\tau_{ij}^h}$单位产品到达 j 国，其余可变成本在运输过程中被消耗了，且 τ 值越大，可变成本也就越高。

关于技术的假设，假定研究对象国拥有相同的技术。由于存在固定成本，差异部门的产品生产企业满足规模报酬递增的条件，异质性企业具有不同的生产率水平，从 i 国出口到 j 国 q 单位产品所需要的成本可表示为：

$$C_{ij}^h(q) = \frac{w_i \tau_{ij}^h}{\varphi} q + f_{ij}^h \tag{4.9}$$

企业是价格的制定者，对消费者效用最大化方程进行求导，得到垄断竞争市场上需求函数 $q_1 = p^{-\sigma_1}$，$\sigma_1 > 1$，需求函数为等弹性，后又根据企业利润最大化的方程 $p \times p^{-\sigma_1} - \frac{w_i \tau_{ij}^h}{\varphi} \times p^{-\sigma_1} - f_{ij}^h$，对其求一阶导数，得到 i 国生产率为 φ 的企业将产品出口至 j 国，在 j 国最优的定价策略为：

$$p_{ij}^h(\varphi) = \frac{w_i \tau_{ij}^h}{\varphi} \times \frac{\sigma_h}{\sigma_h - 1} \tag{4.10}$$

如赫尔普曼等（Helpman et al.，2004）论述的，假设生产率符合参数为 γ_h 的帕累托最优分布，生产率取值范围在 $[1, +\infty)$上的分布函数为：

$$p(\tilde{\varphi}_h < \varphi) = G_h(\varphi) = 1 - \varphi_h^{-\gamma} \tag{4.11}$$

当 $\gamma_h > \sigma_h - 1$ 时，γ_h 和企业的异质性呈反向关系。γ_h 越大，意味着生产企业同质性越强，也就表示较多的产出集中于规模小且生产率低的企业；γ_h 越小，也就表示生产企业的异质性越强，较多的产出集中于规模大且生产率高的企业。并且，生产率冲击服从帕累托分布。

关于产品的差异性假设，假设进口国 j 企业的总收入 Y_j 等于劳动者的总收入 w_jL_j 和他们获得收益的回报 $w_jL_j\pi$，π 是股息收入。在企业的最优定价策略和消费者需求函数给定的条件下，从 i 国出口到 j 国，生产率为 φ 的 h 部门企业的出口额可表示为式（4.12）。

$$X_{ij}^{h}(\varphi)=p_{ij}^{h}(\varphi)\times q_{ij}^{h}(\varphi)=\mu_h Y_j\left[\frac{p_{ij}^{h}(\varphi)}{p_j^{h}}\right]^{1-\sigma_h} \tag{4.12}$$

在式（4.12）中，p_{ij}^{h}表示 i 国产品在 j 国的销售价格，p_j^{h} 表示 h 部门产品在 j 国的价格指数，σ_h表示 h 部门差异性产品的替代弹性，μ_h表示 h 产品的消费支出比重。

根据梅里兹（2003）的研究认为，存在生产率门槛值 $\bar{\varphi}_{kj}^{h}$，只有生产率在 $\bar{\varphi}_{kj}^{h}$之上的企业才会将产品出口至 j 国。且 $k\in N$，因此，p_j^{h} 可以定义为式（4.13）和式（4.14）

$$p_j^{h}=\left[\sum_{k=1}^{N}w_kL_k\int_{\bar{\varphi}\,k}^{\infty\,h}j\left(\frac{\sigma_h}{\sigma_h-1}\times\frac{w_k\tau_{kj}^{h}}{\varphi}\right)^{1-\sigma_h}\right]d[G_h(\varphi)]^{\frac{1}{1-\sigma_h}} \tag{4.13}$$

$$\pi=\frac{\sum_{h=1}^{H}\sum_{k,l=1}^{N}w_kL_k\left(\int_{\bar{\varphi}_{kl}^{h}}^{\infty}\pi_{kl}^{h}(\varphi)\,dG_h(\varphi)\right)}{\sum_{n=1}^{N}w_nL_n} \tag{4.14}$$

根据 Y_j 的定义，我们将式（4.10）代入式（4.13），得到：

$$\pi_{ij}^{h}(\varphi)=(P_{ij}^{h}(\varphi)-c_{ij}^{h}(\varphi))q_{ij}^{h}(\varphi)-f_{ij}^{h} \tag{4.15}$$

式（4.15）表示 i 国 h 部门生产率为 φ 的企业产品出口至 j 国的净利润。在式（4.16）～式（4.20）中，把研究的重点放在异质性部门 h 上，因此，在式（4.16）～式（4.20）中的公式推导就省略了 h。

根据生产率门槛的要求，钱尼（2008）认为，i 国出口企业在选择子市场 n 进行出口时，出口企业若不能获得足够的利润以支付进入市场的固定成本，则选择不进入出口国家市场。根据梅里兹（2003）的研究发现，出口企业存在生产率门槛值 $\bar{\varphi}_{kj}^{h}$，也就是说，只有 i 国那些生产率在 $\bar{\varphi}_{kj}^{h}$之上的企业才会将产品从 i 国出口至 j 国（$k \in N$）。因此，出口商只是国内企业的一个子集，这个子集随国外市场需求的变化而变化，i 国出口企业将根据 n 国的需求制定对应的定价策略，消费者根据企业给定价格购买相关产品，这时存在进出口均衡点价格指数。

我们将式（4.10）代入式（4.12），再将式（4.9）和整理后的式（4.12）代入式（4.15），得到出口企业的利润公式为：

$$\pi_{ij}(\varphi) = \frac{\mu}{\sigma} Y_j \left[\frac{\sigma}{\sigma - 1} \times \frac{w_i \tau_{ij} / \varphi}{p_j}\right]^{1-\sigma} - f_{ij} \tag{4.16}$$

根据前文所示，对于出口国生产效率较低的企业来说，出口至 j 国的总利润若恰好等于其进入 j 国的固定成本，则企业仍从事出口贸易活动，所以，生产率门槛值为 π_{ij}（$\bar{\varphi}_{ij}$） $=0$ 时 $\bar{\varphi}_{ij}$的值，根据梅里兹（2003）的结论可知：

$$\bar{\varphi}_{ij} = \lambda_1 \left(\frac{f_{ij}}{Y_j}\right)^{\frac{1}{\sigma-1}} \times \left(\frac{w_i \tau_{ij}}{p_j}\right) \tag{4.17}$$

在式（4.17）中，λ_1 为常量，$\lambda_1 = \left(\frac{\sigma}{\mu}\right)^{\frac{1}{\sigma-1}} \times \left[\frac{\sigma}{\sigma-1}\right]$，那么，$\bar{\varphi}_{ij}$只受产品的替代弹性 σ 和消费支出比重 μ 的影响。

再结合钱尼（2008）的两个基本假设：一是假定 0 生产部门的劳动力工资为外生变量；二是潜在进入出口市场的企业数量为外生变量。基于上述两大前提假设，将导致模型所涉及的均衡点价格也为外生变量，价格的调整受出口目的地相关特征的影响。

若我们将均衡点价格做内生化考虑，继而将式（4.17）

代入式（4.13）中，得到均衡点价格指数，如式（4.18）所示：

$$p_j = \lambda_2 \times Y_j^{\frac{\frac{1}{\gamma-1}}{\sigma-1}} \times \theta_j^{-r} \tag{4.18}$$

在式（4.18）中，$\theta_j^{-\gamma} = \sum_{k=1}^{N}\left(\frac{Y_k}{Y}\right) \times (w_k\ \tau_{kj})^{-\gamma} \times f_{kj}^{-[\frac{\gamma}{\sigma-1}-1]}$ 为常量，Y 表示全球总产出，根据钱尼（2008）模型指出 $\lambda_2^{\gamma} = \left[\frac{\gamma-(\sigma-1)}{\gamma}\right]\left(\frac{\sigma}{\mu}\right)^{\frac{\gamma}{\sigma-1}-1}\left(\frac{\sigma}{\sigma-1}\right)^{\gamma}\left(\frac{1+\pi}{Y}\right)$，可知 $\lambda_2 = \left[\frac{\gamma-(\sigma-1)}{\gamma}\right]^{\frac{1}{\gamma}}\left(\frac{\sigma}{\mu}\right)^{\frac{1}{(\sigma-1)\gamma}}\left(\frac{\sigma}{\sigma-1}\right)$，将 λ_2 代入式（4.18），p_j 可以写成：

$$P_j = \lambda_2\left(\frac{w_j L_j}{\sum_{n=1}^{N} w_n L_n}\right)^{\frac{1}{r}} (w_j L_j)^{\frac{-1}{\sigma-1}} \times \theta_j \tag{4.19}$$

在式（4.19）中，θ_j 表示，出口国距离世界其他地方的偏远性指数，该指数和温库普（Wincoop，2003）的多边阻力变量①类似。但是，钱尼（2008）模型推导的θ_j，还考虑到固定成本和企业异质性对总体价格的影响。如假设双边国家对称，对于所有的 K 国而言，$w_k\tau_{kj} = w\tau_j$，$f_{kj} = f_j$，$\theta_j = f_j^{1/(\sigma-1)-1/\gamma} \times w\tau_j$；在非对称的情况下，可将 θ_j 看成两国加权平均的双边贸易成本。

均衡出口、门槛和利润。单个企业的出口依赖于它的生产力，必须克服贸易壁垒的成本，从而面对国外众多竞争对手，根据国外市场总需求的变化而设定产品的价格。我们继而将均衡点价格指数方程（4.18）代入需求函数，再代入生产率门槛

---

① 在温库普（Wincoop，2003）的模型中，多边阻力变量的价格指数为 $P_j^{1-\sigma} = \sum_{iPi}^{\sigma-1}\theta_i t_{ij}^{1-\sigma}$，其中，$\theta_j$ 对应的是国家 i 的收入份额，t_{ij} 表示出口产品的冰山型消融贸易成本。

方程式（4.17），这样，就可以同时计算出生产率阈值和全球参与贸易国的利润。在一般均衡中，生产率水平为 φ 的企业将产品从 i 国出口至 j 国的总额为$x_{ij}(\varphi)$，结合生产率高于的$\bar{\varphi}_{ij}$所有企业总产出为 Y_j，每股股利为 π，出口额可表示为：

$$\begin{cases} x_{ij}(\varphi) = \begin{cases} \lambda_3 \times \left(\dfrac{Y_j}{Y}\right)^{\frac{\sigma-1}{\gamma}} \times \left(\dfrac{\theta_j}{w_i\tau_{ij}}\right)^{\sigma-1} \times \varphi^{\sigma-1}, \text{if} \varphi \geqslant \bar{\varphi}_{ij} \\ 0, \text{otherwise} \end{cases} \\ \bar{\varphi}_{ij} = \lambda_4 \times \left(\dfrac{Y}{Y_j}\right)^{\frac{1}{\gamma}} \times \left(\dfrac{w_i\varphi_{ij}}{\theta_j}\right) \times f_{ij}^{1/(\sigma-1)}, \\ Y_i = (1+\lambda_5) \times w_i L_i, \\ \pi = \lambda_5, \end{cases} \tag{4.20}$$

在式（4.20）中，λ_3、λ_4 和 λ_5 为常数。$\lambda_3 = \sigma\lambda_4^{1-\sigma}$，$\lambda_4 = \left\{\dfrac{\sigma}{\mu} \times \dfrac{\lambda}{\gamma-(\sigma-1)} \times \dfrac{1}{1+\lambda_5}\right\}^{\frac{1}{\gamma}}$，$\lambda_5 = \dfrac{\sum_{h=1}^{H}\left(\dfrac{\sigma_h - 1}{\gamma_h}\right)\dfrac{\mu_h}{\sigma_h}}{1 - \sum_{h=1}^{H}\left(\dfrac{\sigma_h - 1}{\gamma_h}\right)\dfrac{\mu_h}{\sigma_h}}$。

我们可以从式（4.20）中发现，均衡点受以下变量影响：相对市场规模、出口国工人的生产率水平 w_i、相对市场规模 L_i、可变成本 τ_{ij}、不变成本 f_{ij}、出口国距离世界其他地方的偏远性指数 θ_j。

正如垄断竞争模型预期的那样，个体企业的出口取决于弹性为 $\sigma-1$ 的贸易成本 τ_{ij}的变动。企业层面的贸易模式与代表性公司的传统贸易模式，对双边贸易总流量的影响非常相似。相对而言，由于公司选择性地进入出口市场，当前模型中的双边贸易总额将存在显著不同。

综合上述分析，可以得到一国出口流量的决定因素。

将单个厂商从 i 国出口至 j 国的总流量进行累加，其中，生

产率水平符合 $\varphi \geqslant \bar{\varphi}_{ij}^{h}$的条件。出口国的出口流量可以表示为：

$$X_{ij}^{h} = w_i L_i \int_{\bar{\varphi}_{ij}^{h}}^{\infty} x_{ij}^{h}(\varphi) dG_h(\varphi) \tag{4.21}$$

根据式（4.21）可知，单个企业的出口总额为$x_{ij}^{h}(\varphi \mid \varphi \geqslant \bar{\varphi}_{ij}^{h})$，生产率门槛为 $\bar{\varphi}_{ij}^{h}$，结合最初的生产率帕累托分布函数式（4.11），将其代入等式（4.20），整理可得出口额的表达式为：

$$X_{ij}^{h} = w_i L_i \int_{\bar{\varphi}_{ij}^{h}}^{\infty} \lambda_3^{h} \times \left(\frac{Y_j}{Y}\right)^{\frac{(\sigma-1)}{\gamma}} \times \left(\frac{\theta_j^{h}}{w_i \tau_{ij}^{h}}\right)^{\sigma_h - 1} \times \varphi^{\sigma_h - 1} \times \frac{\varphi^{-\gamma_h - 1}}{\gamma_h} d\varphi \tag{4.22}$$

同时满足：

$$\bar{\varphi}_{ij}^{h} = \lambda_4^{h} \times \left(\frac{Y}{Y_j}\right)^{\frac{1}{\gamma}} \times \left(\frac{w_i \tau_{ij}^{h}}{\theta_j^{h}}\right) \times f_{ij}^{h\left[\frac{1}{\sigma-1}\right]} \tag{4.23}$$

在式（4.22）和式（4.23）中，λ_3 和 λ_4 为常量，且和前面定义相同。由于前文假设生产率函数符合帕累托最优分布和偏好函数等弹性，将式（4.23）代入式（4.22），整理求积分可得：

$$X_{ij}^{h} = \lambda_h \times \frac{w_i L_i Y_j}{Y} \times \left(\frac{w_i \tau_{ij}^{h}}{\theta_j^{h}}\right)^{-\gamma_h} \times (f_{ij}^{h})^{-\left[\frac{\gamma_h}{\sigma_h - 1} - 1\right]} \tag{4.24}$$

现假设市场规模L_i和一国Y_j 成正比例关系，而Y_j 可以由一国的 GDP 代替，GDP 又和一国收入水平成正比例关系。

$$Y_i = (1 + \lambda_5) \times w_i L_i \tag{4.25}$$

值得注意的是，i 国的出口市场份额 k 和 j 国的出口市场份额 k 的比率，仅取决于 i 国的贸易壁垒和 j 国的贸易壁垒的比率。若该比值可以用 k_{ik} 来衡量的话，$k_{ik} = (w_i \tau_{ik})^{-\gamma} \times f_{ik}^{-\frac{\gamma-(\sigma-1)}{\sigma-1}}$，从而推导出 $\left(\frac{X_{ik}}{Y_i}\right) \Big/ \left(\frac{X_{jk}}{Y_j}\right) = \frac{k_{ik}}{k_{jk}}$。同理可得，i 国在 K 国的市场份额也由 i 国与其他国家贸易壁垒的对比，即 $\frac{X_{ik}}{X_k} =$

$\left[\left(\frac{L_i}{L}\right)k_{ik}\Big/\sum_j\left(\frac{L_j}{L}\right)k_{jk}\right]$来表示。根据此假设，可得 $\lambda_h=(1+\lambda_5)\times\mu_h$，从而我们求得钱尼（2008）的结论，i 国 h 部门出口到 j 国的 FOB 价格出口流量为：

$$X_{ij}^h=\mu_h\times\frac{Y_i\times Y_j}{Y}\times\left(\frac{w_i\tau_{ij}^h}{\theta_j^h}\right)^{-\gamma_h}\times(f_{ij}^h)^{-[\gamma_h/(\sigma_h-1)-1]} \tag{4.26}$$

基于式（4.26）所示，一国的出口主要受 Y 国的国家规模 Y_i 和 j 国的国家规模 Y_j、工人的生产率水平 w_i、双边的贸易成本—可变成本 τ_{ij}^h 和固定成本 f_{ij}^h、一国的偏远指数 θ_j^h 的影响。

我们从钱尼（2008）异质性贸易模型的引入中发现，在企业异质性存在的前提下，企业是否选择进入出口市场成为贸易流量调整的一个关键点。我们根据式（4.20）出口总量方程，对其关于可变成本和固定成本求导，得到式（4.27）和式（4.28）：

$$-\frac{d\ln X_{ij}}{d\ln\tau_{ij}}=\frac{-dX_{ij}}{d\tau_{ij}}\Big/\frac{X_{ij}}{\tau_{ij}}=-\frac{\tau_{ij}}{X_{ij}}\left[w_iL_i\int_{\bar{\varphi}_{ij}}^{\infty}\frac{\partial x_{ij}(\varphi)}{\partial\tau_{ij}}dG(\varphi)\right]+\frac{\tau_{ij}}{X_{ij}}[w_iL_ix(\bar{\varphi}_{ij})G'(\bar{\varphi}_{ij})]\times\frac{\partial\bar{\varphi}_{ij}}{\partial\tau_{ij}} \tag{4.27}$$

$$-\frac{d\ln X_{ij}}{d\ln f_{ij}}=\frac{-dX_{ij}}{df_{ij}}\Big/\frac{X_{ij}}{f_{ij}}=-\frac{f_{ij}}{X_{ij}}\left[w_iL_i\int_{\bar{\varphi}_{ij}}^{\infty}\frac{\partial x_{ij}(\varphi)}{\partial f_{ij}}dG(\varphi)\right]+\frac{f_{ij}}{X_{ij}}[w_iL_ix(\bar{\varphi}_{ij})G'(\bar{\varphi}_{ij})]\times\frac{\partial\bar{\varphi}_{ij}}{\partial f_{ij}} \tag{4.28}$$

根据式（4.27）和式（4.28）可以得到，$\frac{\tau_{ij}}{X_{ij}}\left[w_iL_ix(\bar{\varphi}_{ij})G'(\bar{\varphi}_{ij})\times\frac{\partial\bar{\varphi}_{ij}}{\partial\tau_{ij}}\right]+\frac{f_{ij}}{X_{ij}}\left[w_iL_ix(\bar{\varphi}_{ij})G'(\bar{\varphi}_{ij})\times\frac{\partial\bar{\varphi}_{ij}}{\partial f_{ij}}\right]$之和的绝对值为扩展边际，而$-\frac{\tau_{ij}}{X_{ij}}\left[w_iL_i\int_{\bar{\varphi}_{ij}}^{\infty}\frac{\partial x_{ij}(\varphi)}{\partial\tau_{ij}}dG(\varphi)\right]+-\frac{f_{ij}}{X_{ij}}\left[w_iL_i\int_{\bar{\varphi}_{ij}}^{\infty}\frac{\partial x_{ij}(\varphi)}{\partial f_{ij}}dG(\varphi)\right]$之和

的绝对值为集约边际。由此可知，经济规模 Y、生产率水平 w_i、贸易成本 τ_{ij}^h、f_{ij}^h和多边阻力 θ_j^h 均会对出口集约边际和扩展边际产生影响。

钱尼（2008）构建的多边非对称的企业异质性贸易模型与梅里兹（2003）、赫尔普曼等（2008）构建的企业异质性贸易模型相比，不仅比前者得到了扩展边际的解析解，而且较为精准地判断了不同贸易成本对出口边际的不同影响。总的来说，钱尼（2008）企业异质性贸易理论框架为中国农产品出口边际影响因素的研究提供了理论依据。

根据经典的垄断竞争市场理论，固定成本影响出口企业是否进入（退出）市场。而一旦作出该决策，固定成本成为市场中出口企业的沉没成本，只有可变成本对这些企业的生产活动和出口活动产生影响。坎欺（2007）、钱学峰（2009）、钱学峰和熊平（2010）的研究均采用这一方法：可变贸易成本会对出口集约边际和扩展边际同时产生作用，而固定成本的下降，并不会对集约边际产生影响，只会使更多的新增企业加入生产市场。我们的研究沿用这一理论，集约边际衡量现有出口农产品种类的出口强度，受可变贸易成本影响；而扩展边际和退出边际衡量出口农产品的种类带来的出口规模改变，同时，受固定贸易成本和可变贸易成本的影响。

因此，基于式（4.27）和式（4.28）及已有研究，可以建立集约边际（IM）和扩展边际（EM）影响因素的计量方程，如式（4.29）和式（4.30）所示：

$$\ln IM = \alpha + \beta_1 \ln Y + \beta_2 \ln w_i + \beta_3 \ln \tau_{ij}^h + \beta_4 \ln \theta_j^h + \beta_5 \varphi + \varepsilon \tag{4.29}$$

$$\ln EM = \alpha + \beta_1 \ln Y + \beta_2 \ln w_i + \beta_3 \ln \tau_{ij}^h + \beta_4 \ln f_{ij}^h + \beta_5 \ln \theta_j^h + \beta_6 \varphi + \varepsilon \tag{4.30}$$

根据上述公式并结合本书对农产品出口三元边际的界定可知，经济规模、生产率水平、可变贸易成本和多边阻力均会对出口集约边际产生影响；而经济规模、生产率水平、可变贸易成本、固定成本以及多边阻力均会对扩展边际产生影响。由于我们将净增出口产品种类数看作新增出口得到产品种类数和退出出口的产品种类数之差，本书认为，经济规模、生产率水平、可变贸易成本、固定成本以及多边阻力同样会对出口退出边际产生影响。退出边际（DM）影响因素的计量方程可以写为：

$$\ln DM = \alpha + \beta_1 \ln Y + \beta_2 \ln w_i + \beta_3 \ln \tau_{ij}^h + \beta_4 \ln f_{ij}^h + \beta_5 \ln \theta_j^h + \beta_6 \varphi + \varepsilon \quad (4.31)$$

4.3　计量模型对农产品出口亚洲部分国家的适用性分析

上述模型研究的主要结论，对中国农产品出口亚洲部分国家具有较好的解释意义。特别是中国—东盟自由贸易区和中韩自由贸易区的纵深化发展，可能会引起出口企业生产效率和贸易成本的变化。基于企业异质性贸易理论，我们可以更为清楚地判断上述变化将对农产品出口亚洲部分国家的集约边际、扩展边际和退出边际产生不同的影响。

我们可以推论：（1）区域贸易自由化有利于提升自由贸易区域内成员国企业的生产率，企业生产率的提升可以带动出口农产品固定成本下降，固定成本下降会引起农产品出口种类的变动，从而带来扩展边际和退出边际的改变。（2）在自由贸易区协定谈判中，必然会涉及贸易可变成本的调整，具体措施包括，进口国关税的下调、进口国对出口产品 SPS 通报数量的削减和通关手续的简化等。从理论上分析，上述调整将带动中国农产品出口集约边际和扩展边际的提升，退出边际的下降。（3）区域贸易一体化的发展，不仅会促进部分企业生产率水平的提升，还会在无形之中提高生产企业所生产产品的质量门槛，质量门槛的提高将促使农产品出口企业在优化资源配置，提高产品科技含量，优化企业管理水平，改良加工水平等方面重点攻关，从而提升中国农产品出口的扩展边际。（4）在中国农产品对亚洲部分国家的出口中，由于中国尚未和日本签署任何与农产品相关的进出口优惠协定，因此，随着贸易成本的变动，农产品出口边际对出口变动率的贡献程度必然会改变。中国农产品对特定国家出口带来的贸易创造效应和贸易转移效应的变动，也会更加明显。

第5章

中国农产品出口亚洲部分国家的边际分析

为了重点研究中国出口日本、韩国和东盟的全部农产品和各类农产品出口边际的现状及其影响因素，研究选用了13个国家2001~2015年900多种农产品基于HS1992版本6位码农产品的贸易年度数据。所有进出口数量单位均统一为吨，从而基于庞大的数据支撑，更为细致地从微观产品层面了解农产品出口三元边际的现状。在分析中国农产品对日本、韩国和东盟出口集约边际、扩展边际和退出边际现状的基础上，本书进一步深入探究了谷物类农产品、园艺类农产品、畜类农产品和水产类农产品对日本、韩国和东盟十国出口集约边际、扩展边际和退出边际的现状，计算四类农产品出口边际对出口变动率的贡献程度，从而更为全面地把握中国对亚洲部分国家的全部农产品和各类农产品的出口特征。

5.1 中国出口日本、韩国和东盟的全部农产品出口边际现状

5.1.1 中国农产品对日本出口集约边际变动较大

从中国农产品对日本出口三元边际的变化情况来看，如图

5.1 所示，2002 ~2015 年，集约边际变动较大，扩展边际和退出边际变动不明显。（1）对集约边际而言，2002 ~2008 年，中国农产品对日本出口集约边际从 2002 年的 -0.0047 上升至 2003 年的 0.0613，后又逐渐回落至 2008 年的 0.0155。这表明在这 6 年时间内，既有对日本出口的农产品种类的出口金额有所增加。2009 ~2014年，集约边际从 2009 年的 0.0029 波动上升至 2012 年的 0.0964。此后，该值逐步下滑，集约边际在 2015 年以最大降幅下降至 -0.1463。（2）对扩展边际而言，2002 ~2014 年，中国农产品对日本出口扩展边际的变化很小，表明中国对日本新增出口的农产品种类的出口额变动不显著。2015 年是较为特殊的一年，扩展边际值上升至 0.0693，表明中国有大量新增出口的农产品种类进入日本市场。（3）对退出边际而言，2002 ~2014 年，退出边际一直在均值 0.0022 上下波动，退出边际在 2015 年急速上升至 0.0709，这意味着大量原来对日本出口的农产品种类退出出口。总的来说，2001 ~2015 年，中国农产品对日本出口额的波动，主要是由既有出口的农产品种类出口额的变动导致的。

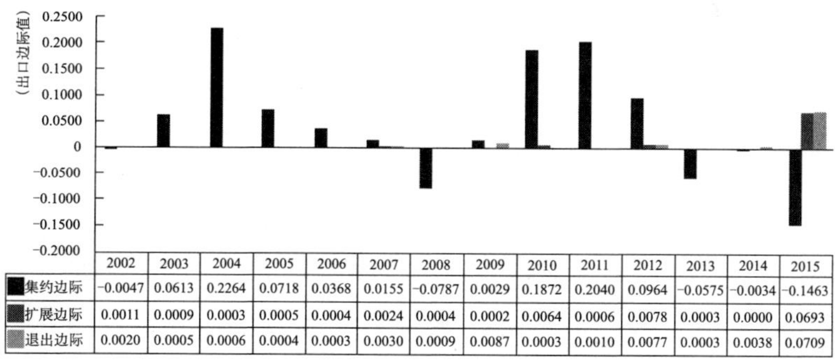

	2002	2003	2004	2005	2006	2007	2008	2009	2010	2011	2012	2013	2014	2015
集约边际	-0.0047	0.0613	0.2264	0.0718	0.0368	0.0155	-0.0787	0.0029	0.1872	0.2040	0.0964	-0.0575	-0.0034	-0.1463
扩展边际	0.0011	0.0009	0.0003	0.0005	0.0004	0.0024	0.0004	0.0002	0.0064	0.0006	0.0078	0.0003	0.0000	0.0693
退出边际	0.0020	0.0005	0.0006	0.0004	0.0003	0.0030	0.0009	0.0087	0.0003	0.0010	0.0077	0.0003	0.0038	0.0709

图 5.1　中国农产品对日本出口集约边际、扩展边际和退出边际的现状

资料来源：根据联合国商品贸易数据库 2001 ~2015 年数据整理计算而得。

5.1.2 中国对韩国出口集约边际变动明显

从中国农产品对韩国出口三元边际的变化情况来看，如图5.2所示，2002～2015年，农产品对韩国出口集约边际变动显著，退出边际变动较大，扩展边际变动不明显。（1）对集约边际而言，中国农产品对韩国出口的集约边际在2004年、2009年和2015年出现负值，且负值分别为－0.1770、－0.1025和－0.1183。这表明在此3年中，大量既有对韩国出口的农产品种类的出口规模萎缩明显。集约边际在其余年份均为正值，但其数值呈现下行趋势，意味着中国既有对韩国出口的农产品种类的出口优势有所下降。（2）对扩展边际而言，扩展边际对中国农产品对韩国出口的影响不可小觑。特别是在2015年，农产品对韩出口的扩展边际达到0.1595，比2014年上升0.1586，这表明2015年有大量新增出口的农产品种类涌入韩国市场。（3）对退出边际而言，其在中国农产品对韩国出口中的作用也较为明显。具体表现为，2002年、2008年和2014年，退出边际值分别为0.1214、0.2597和0.1198，表明在这3年中，大量既有对韩国出口的农产品种类退出韩国市场。总的来说，2002～2015年，中国农产品对韩国出口额的波动，主要是由既有出口的农产品种类出口规模的变动引致的，众多原出口农产品种类的退出和较少新增出口农产品种类的进入共同导致了对韩国出口额的变化。

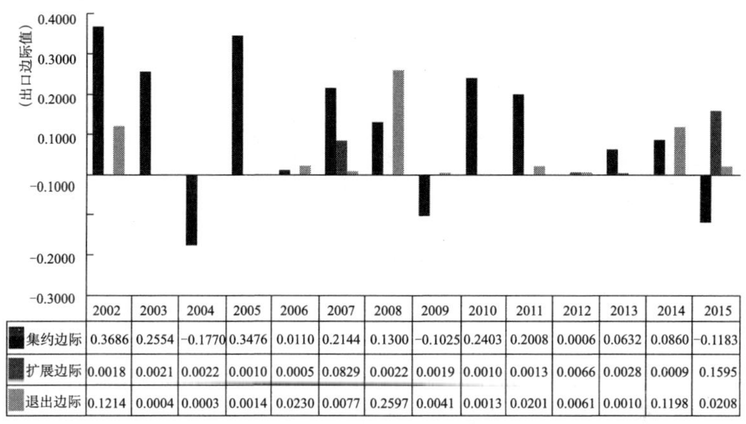

	2002	2003	2004	2005	2006	2007	2008	2009	2010	2011	2012	2013	2014	2015
集约边际	0.3686	0.2554	−0.1770	0.3476	0.0110	0.2144	0.1300	−0.1025	0.2403	0.2008	0.0006	0.0632	0.0860	−0.1183
扩展边际	0.0018	0.0021	0.0022	0.0010	0.0005	0.0829	0.0022	0.0019	0.0010	0.0013	0.0066	0.0028	0.0009	0.1595
退出边际	0.1214	0.0004	0.0003	0.0014	0.0230	0.0077	0.2597	0.0041	0.0013	0.0201	0.0061	0.0010	0.1198	0.0208

图 5.2　中国农产品对韩国出口集约边际、扩展边际和退出边际的现状

资料来源：根据联合国商品贸易数据库 2001 ~ 2015 年数据整理计算而得。

5.1.3　对东盟出口扩展边际很小且变动不明显

从中国农产品对东盟出口三元边际的变化情况来看，如图 5.3所示，2002 ~ 2015 年，农产品对东盟出口集约边际变动显著，退出边际次之，扩展边际变动最不明显。（1）对集约边际而言，中国农产品对东盟出口集约边际除了在 2005 年为负值外，其余年份均为正值，表明中国在既有出口东盟的农产品种类上具有长期出口优势。（2）对扩展边际而言，中国农产品对东盟出口扩展边际在 15 年间均较小，其平均值仅为 0.0040，表明中国新增出口的农产品种类对东盟出口的规模很小。（3）对退出边际而言，退出边际值在 2008 年和 2015 年分别为 0.0406 和 0.1080，说明在这两年内，中国大量原出口农产品种类退出东盟市场。总的来说，2002 ~ 2014 年，中国农产品对东盟出口额的波动，主要是由既有出口的农产品种类出口额的变动带动的。2015 年，退出出口农产品种类的急剧增加和既有出口农产品种类出口规模的扩大，共同导致了中国农产品对东盟出口的变动。

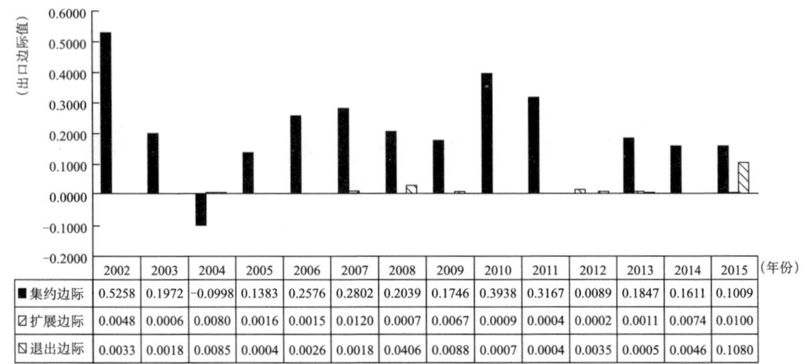

	2002	2003	2004	2005	2006	2007	2008	2009	2010	2011	2012	2013	2014	2015
■集约边际	0.5258	0.1972	-0.0998	0.1383	0.2576	0.2802	0.2039	0.1746	0.3938	0.3167	0.0089	0.1847	0.1611	0.1009
☑扩展边际	0.0048	0.0006	0.0080	0.0016	0.0015	0.0120	0.0007	0.0067	0.0009	0.0004	0.0002	0.0011	0.0074	0.0100
⧅退出边际	0.0033	0.0018	0.0085	0.0004	0.0026	0.0018	0.0406	0.0088	0.0007	0.0004	0.0035	0.0005	0.0046	0.1080

图 5-3　中国农产品对东盟出口集约边际、扩展边际和退出边际的现状

资料来源：根据联合国商品贸易数据库 2001 ~ 2015 年数据整理计算而得。

从中国农产品对东盟十国出口三元边际的变化情况来看：2002 ~ 2015 年，除泰国以外，集约边际在中国农产品对东盟九国的出口中变动均较明显。扩展边际变动幅度较大的出口目的国有柬埔寨、老挝和缅甸，扩展边际在中国农产品对东盟其余七国的出口中波动较小。退出边际变动较显著的东盟国家，包括，老挝、柬埔寨、文莱、马来西亚和缅甸。

综合以上对比分析：（1）对集约边际而言，2002 ~ 2015 年，中国农产品对日本、韩国和东盟出口的集约边际均呈现明显波动态势。中国具有持续出口优势的既有出口农产品种类，在东盟市场上相对更受欢迎。日本、韩国两国，特别是日本，对中国既有出口的农产品种类的进口需求有所下降。（2）对扩展边际而言，中国农产品对日本和东盟出口的扩展边际波动不明显，在韩国市场波动相对较大，新增出口的农产品种类在东盟市场上受欢迎程度相对更高。（3）对退出边际而言，相比韩国和东盟市场，出口退出边际在日本市场的波动较大，除 2015 年外，出口退出边际在对韩国和东盟市场的出口中波动均不明显。

5.2　不同种类中国农产品出口边际现状

5.2.1　谷物类农产品

从中国谷物类农产品对日本、韩国和东盟出口三元边际的现状来看，详见表 5.1，对日本而言，中国谷物类农产品对日本出口的集约边际变动最大，退出边际次之，扩展边际变动最小。2002 ~ 2015 年，中国对日本出口谷物类农产品的集约边际在 2006 年、2008 年、2013 年和 2015 年均为负，说明中国既有对日本出口谷物类农产品的种类在这 4 年中的出口规模均有所下降；而集约边际在其余 10 年中均为正，表明该类出口农产品种类在长期时间内受到日本市场的青睐。2002 ~ 2015 年，中国谷物类农产品对日本出口的扩展边际较小，说明日本对中国新增谷物类农产品品种的进口需求较少。中中国对日本出口谷物类农产品的退出边际在 2011 之后下降明显，说明 2011 年前中国谷物类农产品对日本出口的种类相对稳定。

表 5.1　中国谷物类农产品对日本、韩国和东盟出口三元边际现状

年份	日本			韩国			东盟		
	集约边际	扩展边际	退出边际	集约边际	扩展边际	退出边际	集约边际	扩展边际	退出边际
2002	0.0004	0.0032	0.0715	0.0023	0.0004	0.6198	0.0109	0.0002	0.9347
2003	0.0002	0.0034	0.4690	0.0003	0.0000	0.3733	0.0001	0.0006	0.2371
2004	0.0000	0.0003	0.0684	0.0000	0.0000	-0.6066	0.0000	0.0184	-0.6259
2005	0.0010	0.0003	0.0580	0.0006	0.0009	1.2044	0.0012	0.0001	0.1371
2006	0.0013	0.0002	-0.0695	0.0001	0.0003	-0.3455	0.0003	0.0000	0.3430
2007	0.0185	0.0198	0.1577	0.0124	0.0050	0.6359	0.0006	0.0019	0.9289
2008	0.0002	0.0007	-0.2855	0.0044	0.6880	0.2887	0.0006	0.1656	-0.2307
2009	0.0005	0.0088	0.0074	0.0010	0.0072	-0.1241	0.0494	0.0515	-0.0020
2010	0.0009	0.0008	0.1213	0.0001	0.0028	-0.0755	0.0001	0.0001	0.1765

续表

年份	日本			韩国			东盟		
	集约边际	扩展边际	退出边际	集约边际	扩展边际	退出边际	集约边际	扩展边际	退出边际
2011	0.0037	0.0105	0.1779	0.0003	0.0056	0.2585	0.0007	0.0003	0.0986
2012	0.0010	0.0000	0.0807	0.0002	0.0001	-0.0489	0.0003	0.0004	0.0858
2013	0.0000	0.0008	-0.1394	0.0002	0.0002	0.1943	0.0015	0.0002	0.0169
2014	0.0001	0.0014	0.0376	0.0003	0.0001	0.0029	0.0015	0.0005	0.0475
2015	0.0111	0.0000	-0.1512	0.0020	0.0002	-0.1993	0.0026	0.0017	-0.0032

资料来源：根据联合国商品贸易数据库2001~2015年数据整理计算而得。

对韩国而言，谷物类农产品出口的集约边际在2004年、2006年、2009年、2010年、2012年和2015年均为负值，其余年份均为正，说明中国既有对韩国出口的谷物类农产品种类的出口额变动明显。结合扩展边际和和退出边际来看，2002~2007年，谷物类农产品对韩国出口扩展边际总体呈现上升趋势，表明中国对韩国出口的新增谷物类农产品的种类有所增加，扩展边际在2007年达到了15年间的最大值，为0.0124。但是，中国谷物类农产品对韩国出口的退出边际在2008年达到15年间的最大值，表明受全球金融危机的影响，中国大量新增出口的谷物类农产品种类不具有出口可持续性。2012年后，出口退出边际在0.0002附近波动，说明中国原有出口的谷物类农产品种类退出对韩国出口的规模较小。

对东盟而言，中国谷物类农产品出口的集约边际波动较为显著，特别是在2004年和2008年，其数值分别从2003年的0.2371下降至2004年的-0.6259，2007年的0.9289下降至2008年的-0.2307。结合这两年的退出边际综合分析，集约边际的下降主要和中国大量谷物类农产品退出出口有关。集约边际在2010~2014年均为正值，扩展边际在同期也有所增加，说明在这5年中，既有出口的谷物类农产品种类和新增出口的谷物类农产品种类出口规模的扩大导致了该类产品对东盟出口额的增长。

从中国谷物类农产品对东盟十国出口三元边际的现状来看，2002～2015 年，就集约边际而言，中国谷物类农产品对东盟十国出口的集约边际在 14 年间均呈现明显波动的态势。其中，波动幅度较大的前 3 个国家，依次是菲律宾、印度尼西亚和柬埔寨。这说明相对于东盟，中国对上述 3 个国家既有出口的谷物类农产品品种的出口额变动幅度较大。集约边际波动范围较小的东盟国家是马来西亚、泰国和新加坡。就扩展边际而言，扩展边际波动较为显著的国家是老挝、柬埔寨和缅甸，表明在中国对这 3 个国家农产品的出口中，新增谷物类农产品种类的出口额波动明显。就退出边际而言，中国对老挝谷物类农产品出口的退出边际波动最为显著，在 2006 年、2009 年、2011 年、2013 年和 2015 年，大量既有对老挝出口的谷物类农产品种类退出出口，退出边际波动幅度仅次于老挝的国家是马来西亚和缅甸。

5.2.2　园艺类农产品

从中国园艺类农产品对日本、韩国和东盟出口三元边际的现状来看（见表 5.2），对日本而言，中国园艺类农产品出口的集约边际在 2004～2005 年和 2014～2015 年出现了 4 年负值，表明在 2004 年、2005 年、2014 年和 2015 年，既有出口的园艺类农产品种类对日本出口额下降显著，特别是 2015 年，中国园艺类农产品的集约边际为 -0.0566，扩展边际为 0.0051，退出边际为 0.0053。这表明当年对日本出口园艺类农产品的结构较 2002～2014年显著变化，有大量既有出口的园艺类农产品种类退出日本市场，又有大量新增出口的园艺类农产品种类进入日本市场。

表 5.2　中国园艺类农产品对日本、韩国和东盟出口三元边际现状

年份	日本			韩国			东盟		
	集约边际	扩展边际	退出边际	集约边际	扩展边际	退出边际	集约边际	扩展边际	退出边际
2002	-0.1339	0.0002	0.0012	0.1305	0.0018	0.0137	0.3109	0.0016	0.0002
2003	0.0974	0.0022	0.0000	0.4594	0.0024	0.0007	0.2670	0.0007	0.0002
2004	0.2417	0.0004	0.0005	0.3347	0.0008	0.0006	0.2276	0.0019	0.0002
2005	0.1437	0.0002	0.0006	0.1638	0.0001	0.0048	0.1932	0.0006	0.0001
2006	0.1437	0.0002	0.0006	0.2559	0.0008	0.1432	0.2344	0.0002	0.0013
2007	-0.0214	0.0007	0.0012	0.2211	0.3949	0.0089	0.2200	0.0028	0.0000
2008	-0.0311	0.0004	0.0008	-0.0192	0.0002	0.1280	0.2719	0.0000	0.0006
2009	0.0032	0.0001	0.0003	-0.0904	0.0006	0.0061	0.2544	0.0002	0.0001
2010	0.2171	0.0002	0.0001	0.5621	0.0011	0.0003	0.4729	0.0002	0.0005
2011	0.2163	0.0004	0.0001	0.1627	0.0007	0.0004	0.2646	0.0001	0.0002
2012	0.0899	0.0214	0.0235	0.0584	0.0231	0.0190	-0.0753	0.0000	0.0051
2013	0.0067	0.0008	0.0002	0.0685	0.0009	0.0017	0.2635	0.0003	0.0001
2014	-0.0284	0.0000	0.0002	0.0880	0.0004	0.0004	0.0910	0.0003	0.0001
2015	-0.0566	0.0051	0.0053	0.0519	0.0277	0.0243	0.1873	0.0001	0.0267

资料来源：根据联合国商品贸易数据库 2001 ~2015 年数据整理计算而得。

对韩国而言，中国对韩国出口园艺类农产品的集约边际在 2008 年和 2009 年相继出现负值，说明大量既有出口的园艺类农产品品种的出口额大幅下降。2002 ~2015 年，除 2008 年和 2009 年外，其余 12 年出口的集约边际均为正值，说明中国既有出口的园艺类农产品种类在韩国市场的受欢迎度较高。在 2006 年和 2008 年，退出边际值大于扩展边际值，说明在这两年中，退出出口的园艺类农产品规模大于新增出口的园艺类农产品规模。在 2007 年，中国扩展边际值远远大于退出边际值，说明 2007 年有大量新增出口的园艺类农产品种类进入韩国市场。

对东盟而言，除 2012 年外，中国农产品出口的集约边际在其余 13 年中均为正值，表明既有出口的园艺类农产品种类在对东盟的出口中受到长期青睐。2001 ~2014 年，中国园艺类农产品出口的扩展边际和退出边际的大小较为接近。但在 2015 年，退出边际远大于扩展边际，说明中国大量既有出口的园艺类农产品种类在 2015 年不再出口至东盟市场。

从 2002 ~2015 年中国园艺类农产品对东盟十国出口三元边际的现状来看：（1）对集约边际而言，中国园艺类农产品对东盟十国出口集约边际的变动幅度最大的国家是老挝，波动幅度次之的是缅甸和柬埔寨，对东盟其余七国而言，出口集约边际的波动幅度相对平缓。（2）对扩展边际而言，园艺类农产品出口东盟十国的扩展边际变动最为显著的国家是缅甸，特别是 2013 ~ 2015 年，扩展边际从 0. 4564 快速上升至 1. 6607 后又大幅回落至 0. 0011。园艺类农产品对老挝出口的扩展边际变动幅度略小于缅甸。扩展边际在中国园艺类农产品对东盟其中八国的出口中变动幅度相对较小。（3）对退出边际而言，中国园艺类农产品对柬埔寨出口退出边际的波动幅度最为显著，在 2005 年、2006 年、2009 年和 2015 年，大量对柬埔寨出口的原有园艺类农产品种类退出市场。退出边际波动幅度仅次于柬埔寨的国家是老挝和缅甸，退出边际在园艺类农产品对东盟其余七国出口中的波动相对最小。

5. 2. 3　畜类农产品

从中国畜类农产品对日本、韩国和东盟出口三元边际的现状来看，详见表 5. 3，对日本而言，2002 ~2015 年，根据退出边际的大小分析可知，中国既有出口的畜类农产品对日本出口额在 14 年间变化显著。同期，中国畜类农产品出口的扩展边际和退出边际均在较低水平波动，说明中国对日本新增出口和退出出口的畜类农产品种类的出口规模均较小。

表 5.3　中国畜类农产品对日本、韩国和东盟出口三元边际现状

年份	日本			韩国			东盟		
	集约边际	扩展边际	退出边际	集约边际	扩展边际	退出边际	集约边际	扩展边际	退出边际
2002	-0.2935	0.0003	0.0024	0.0243	0.0043	0.0410	0.0639	0.0111	0.0337
2003	-0.2305	0.0019	0.0006	0.0386	0.0048	0.0015	-0.0800	0.0066	0.0083
2004	-0.0242	0.0009	0.0067	0.1405	0.0454	0.0022	0.1259	0.0633	0.0142
2005	-0.0600	0.0009	0.0022	0.5195	0.0089	0.0097	0.1971	0.0193	0.0028
2006	0.0500	0.0054	0.0016	0.1638	0.0018	0.0370	0.1431	0.0166	0.0154
2007	-0.1055	0.0007	0.0185	1.3741	0.1371	0.1463	0.3030	0.1995	0.0256
2008	0.2254	0.0009	0.0024	-0.6728	0.0073	0.0168	0.4723	0.0084	0.0394
2009	-0.1374	0.0016	0.0022	-0.0070	0.0173	0.0154	-0.2459	0.0052	0.0367
2010	0.0933	0.0009	0.0027	0.3252	0.0108	0.0165	0.1066	0.0110	0.0081
2011	0.2927	0.0046	0.0015	0.5069	0.0066	0.0016	0.4292	0.0061	0.0061
2012	0.0690	0.0014	0.0039	0.0836	0.0078	0.0257	-0.0196	0.0038	0.0094
2013	-0.0057	0.0003	0.0013	0.2042	0.0004	0.0054	0.0550	0.0124	0.0025
2014	0.0150	0.0011	0.0810	0.2042	0.0012	0.0015	0.3175	0.2089	0.0065
2015	-0.1297	0.0012	0.0114	-0.5320	0.0001	0.0593	-0.0281	0.1221	0.1704

资料来源：根据联合国商品贸易数据库 2001 ~ 2015 年数据整理计算而得。

对韩国而言，中国畜类农产品的出口集约边际仅在 2008 年、2009 年和 2015 年为负值，表明在这 3 年中，既有对韩国出口的畜类农产品种类的出口规模有所下降，而既有出口的畜类农产品种类在其余 11 年中均保持出口优势。中国对韩国出口扩展边际在 2010 年后逐渐下降，说明新增出口的畜类农产品种类在近 5 年中对韩国出口规模逐年萎缩。

对东盟而言，中国畜类农产品出口集约边际在 14 年间的波动较为明显。2007 年和 2008 年，畜类农产品对东盟出口集约边际大幅提升，2009 年集约边际大幅下降至 -0.2459 后又有所回升，2012 年急速回落后又在 2013 年和 2014 年有所提升，2015 年集约边际又迅速下跌至 -0.0281。这说明既有出口的畜类农产品种类对东盟出口额波动显著。中国畜类农产品对东盟出口扩展边际在 2002 ~ 2013 年于低位波动，说明这 12 年中中国对东盟新增出口的畜类农产品种类的出口规模较小，其数值又在 2014 年和 2015 年迅速提升，表明在这两年时间内，有大量新增出口的畜类农产品种类出口至东盟市场。

从中国畜类农产品对东盟十国出口三元边际的现状来看，2002～2015 年，（1）对集约边际而言，中国畜类农产品对菲律宾出口的集约边际波动幅度最大，越南次之，对东盟其余八国出口的集约边际均在 -1.00 和 1.50 之间变动。（2）对扩展边际而言，畜类农产品出口的扩展边际波动幅度较大的国家分别是柬埔寨、老挝和马来西亚，对东盟其余七国出口扩展边际的波动幅度均较小。（3）对退出边际而言，中国畜类农产品对东盟十国出口退出边际的波动幅度均较为明显。

5.2.4　水产类农产品

从中国水产类农产品对日本、韩国和东盟出口三元边际的现状来看，详见表 5.4，对日本而言，中国水产类农产品对日本出口集约边际在 2007～2009 年和 2013～2015 年出现负值。这表明在此 6 年中，中国既有出口的水产类农产品出口额大幅萎缩，特别是 2015 年，中国水产类农产品出口的集约边际为 15 年中的最小值 -0.2184。扩展边际值和退出边际值在 2002～2014 年均较小，但在 2015 年扩展边际值和退出边际值都达到了 15 年中的最大值，为 0.1477 和 0.1526。这说明，2015 年中国水产类农产品对日出口结构较之前变动明显。

表 5.4　中国水产类农产品对日本、韩国和东盟出口三元边际现状

年份	日本			韩国			东盟		
	集约边际	扩展边际	退出边际	集约边际	扩展边际	退出边际	集约边际	扩展边际	退出边际
2002	0.1227	0.0012	0.0002	0.1007	0.0011	0.0005	0.6511	0.0029	0.0048
2003	0.0004	0.0001	0.0000	0.1117	0.0003	0.0003	0.3938	0.0001	0.0004
2004	0.2764	0.0000	0.0001	0.2867	0.0112	0.0003	0.7233	0.0258	0.0047

续表

年份	日本			韩国			东盟		
	集约边际	扩展边际	退出边际	集约边际	扩展边际	退出边际	集约边际	扩展边际	退出边际
2005	0.0860	0.0005	0.0001	0.0308	0.0008	0.0001	0.0039	0.0006	0.0010
2006	0.0540	0.0000	0.0001	0.1539	0.0005	0.0003	0.1059	0.0028	0.0057
2007	-0.0187	0.0000	0.0002	-0.2279	0.0089	0.0003	-0.1160	0.0068	0.0005
2008	-0.0970	0.0005	0.0000	-0.6728	0.0073	0.0168	0.5848	0.0005	0.0021
2009	-0.0317	0.0001	0.0001	-0.0930	0.0002	0.0013	0.2291	0.0017	0.0008
2010	0.2226	0.0001	0.0002	0.3196	0.0002	0.0005	0.4041	0.0015	0.0005
2011	0.2662	0.0000	0.0002	0.1888	0.0021	0.0002	0.6463	0.0007	0.0004
2012	0.0577	0.0016	0.0001	-0.0655	0.0004	0.0008	0.1312	0.0001	0.0007
2013	-0.0844	0.0001	0.0001	-0.0630	0.0001	0.0004	0.1505	0.0010	0.0011
2014	-0.0314	0.0000	0.0013	0.1702	0.0001	0.0001	0.2261	0.0019	0.0164
2015	-0.2184	0.1477	0.1526	-0.0488	0.0088	0.0009	0.0049	0.0001	0.4204

资料来源：根据联合国商品贸易数据库 2001 ~2015 年数据整理计算而得。

对韩国而言，中国水产类农产品出口集约边际在 2007 年出现首次负值为 -0.2279，该值连续 3 年为负后，在 2010 年有所提升，随后又在波动中递减至 2015 年的 -0.0488。扩展边际在 2004 年达到最大值后在小幅变动中下降，其值在 2015 年达到较大值为 0.0088。退出边际在 2008 年达到 14 年间的最大值 0.0168，表示 2008 年大量既有出口的水产类农产品种类退出韩国市场；2015 年其值为 0.0088，说明 2015 年同样有较多既有出口的水产类农产品种类不再出口至韩国。

对东盟而言，中国水产类农产品出口集约边际除了在 2007 年外，其余年份均为正值，表明中国既有出口的水产类农产品种类在东盟市场的占有率很高。中国水产类农产品出口的扩展边际在 2002 ~2015 年波动下降，而退出边际在波动中有递增，表明东盟市场对中国新增出口的水产类农产品种类的进口需求较小。

从 2002 ~2015 年中国水产类农产品对东盟十国出口三元边际的现状来看：（1）对集约边际而言，中国水产类农产品对柬埔寨出口的集约边际波动幅度最大，究其主要原因，主要和

2012 年中国既有出口的水产类农产品种类对柬埔寨出口额的急速上升有关。中国水产类农产品对缅甸出口的集约边际波动幅度次之。对于东盟其余八国而言，中国水产类农产品对其出口集约边际的波动幅度相对较小。（2）对扩展边际而言，除中国水产类农产品对缅甸、柬埔寨和越南出口的扩展边际在特定年份出现急剧波动外，对东盟其余七国而言，水产类农产品出口扩展边际的波动幅度均很小。（3）对退出边际而言，中国水产类农产品对东盟十国出口退出边际的波动幅度均较为显著。

5.3　中国出口日本、韩国和东盟的全部农产品和不同种类农产品出口边际对于出口变动率的贡献

在中国农产品对亚洲部分国家出口边际现状分析的基础上，我们进一步考察了中国出口日本、韩国和东盟的全部农产品和不同种类农产品出口边际对出口变动率的贡献程度。若集约边际对出口变动率的贡献程度相对更高，表明中国农产品对亚洲部分国家出口额的变动主要是由既有出口的农产品种类出口规模的变动引致的；若扩展边际对出口变动率的贡献程度相对更高，表明出口额的变动主要是由新增出口的农产品种类出口规模的变动引致的；若退出边际对出口变动率的贡献程度相对更高，表明出口额的变动主要是由退出出口的农产品种类出口规模的变动引致的。

5.3.1　中国出口日本、韩国和东盟的全部农产品

图 5.4 显示了 2002 ~ 2015 年中国农产品对日本、韩国和东盟出口的三元边际对于出口变动率的贡献程度。

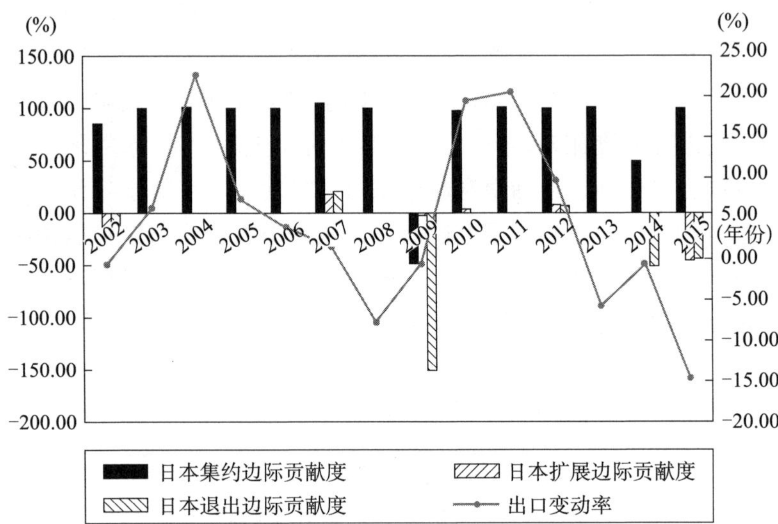

（a）中国农产品对日本出口的三元边际对于出口额变动的贡献度

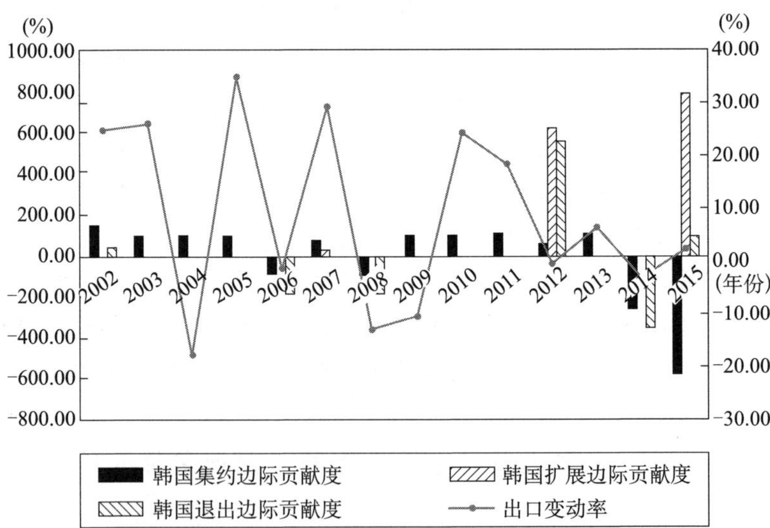

（b）中国农产品对韩国出口的三元边际对于出口额变动的贡献度

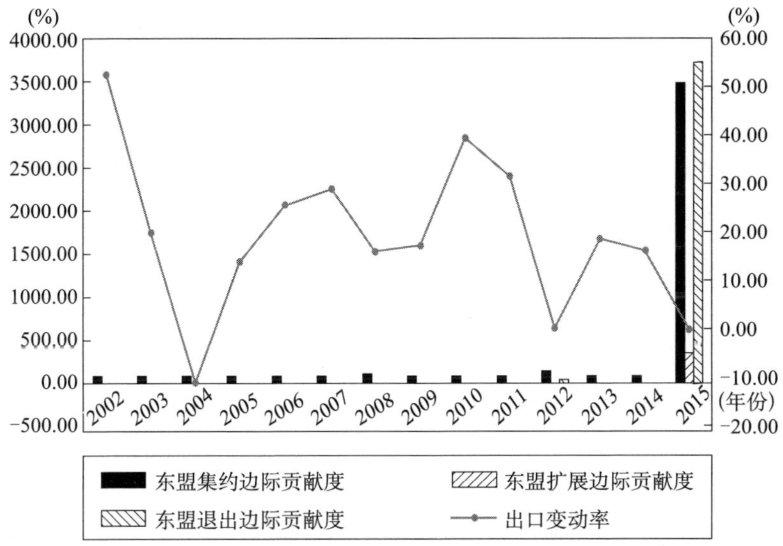

（c）中国农产品对东盟出口的三元边际对于出口额变动的贡献度

图 5.4　中国农产品对日本、韩国和东盟出品的三元边际对于出口额变动的贡献率

注：左侧坐标轴对应的是出口边际贡献度（柱状图），右侧坐标轴对应的是出口变动率（折线图）。

资料来源：根据联合国商品贸易数据库 2001 ~ 2015 年数据整理计算而得。

集约边际对中国农产品对于日本出口变动率的贡献度最大，退出边际次之，而扩展边际最小。2002 年、2008 和 2013 ~ 2015 年，中国农产品对日本出口较上一年有所下降，除 2009 年外，出口集约边际贡献度的下滑是导致中国农产品对日本出口变动率下降的主要原因。进一步分析这 5 年退出边际的贡献度和扩展边际的贡献度可知，虽然在这 5 年中扩展边际的贡献度有所提升，但是对日本出口集约边际的贡献度却明显回落。如 2015 年数据显示，中国农产品对日本出口变动率为 - 14. 79% ，当年扩展边际的贡献度增幅明显，达到

46.84%；但是，大量既有出口的农产品种类不再进入日本市场，并且对出口变动率的阻碍作用达到47.94%。在2009年，退出边际贡献度的显著提升，集约边际贡献度的大幅萎缩和扩展边际贡献度的小幅增加，三者合力导致中国农产品对日本出口规模大幅下降。2003～2007年和2010～2012年，集约边际对出口变动率的显著贡献，导致中国农产品对韩国出口规模有所扩大。

集约边际、扩展边际和退出边际的变动，共同作用于中国农产品对韩国出口的波动。2006年、2008年和2014年，虽然扩展边际对韩国出口变动率的贡献度较大，但是，集约边际和退出边际贡献度的显著回落，成为中国农产品对韩国出口额下降的主要原因。在2004年和2009年，中国对韩国农产品出口额大幅减少，出口变动率达到－17.15%和－10.47%，这主要与集约边际贡献度的大幅下调有关。2015年，集约边际贡献度的下降、退出边际贡献度的增加和扩展边际贡献度的提升，共同作用了中国农产品对韩国出口额的增长。在其余8年的时间内，中国对韩国农产品出口的增长主要受集约边际贡献度和扩展边际贡献度提升的影响。

集约边际对中国农产品出口东盟变动率的贡献度最大，扩展边际的贡献度最小。除2004年中国农产品对东盟出口有所减少外，在其余年份中中国农产品对东盟出口总额均有所增加。退出边际贡献度的上升和集约边际贡献度的急剧萎缩，是导致2004年中国农产品出口额减少的主要原因。2002～2014年，除2004年以外，集约边际贡献度和扩展边际贡献度的提升，导致了中国农产品出口规模的递增。2015年，中国农产品对东盟出口三元边际对于出口变动率的贡献度均呈现显著波动。这主要表现在，集约边际贡献度的大幅增加、扩展边际贡献度的小幅上升和退出边际贡献度的大幅提升，三者共同作用导致 2015 年中国农产品对东盟出口额增加了 0.26%。

从中国农产品对东盟十国出口三元边际对于出口变动率的贡献程度分析，2002～2015 年，（1）对集约边际的贡献度而言，除了 2014 年和 2015 年，中国农产品对东盟十国出口集约边际对于出口变动率的贡献度，均大于扩展边际的贡献度和退出边际的贡献度。2014～2015 年，集约边际贡献度低于其他两类边际贡献度的国家包括文莱、缅甸、马来西亚、菲律宾和新加坡。如，中国农产品对文莱出口集约边际的贡献度自 2013 年的 101.30% 下跌至 2014 年的 21.07%，随后又急剧下降为负值，从而成为导致中国农产品对文莱出口规模萎缩的重要原因之一。（2）对扩展边际而言，扩展边际对于中国农产品对东盟十国出口变动率影响较大的国家有老挝、新加坡和菲律宾。对于东盟其余七国而言，扩展边际对出口变动率的贡献程度相对较小。（3）对退出边际而言，退出边际对于中国农产品对东盟十国出口变动率影响最大的国家是老挝，退出边际贡献度的提升是导致中国农产品对老挝出口变动的重要因素。除柬埔寨外，中国农产品对东盟其余八国农产品出口退出边际值的贡献度在 2004 年、2008 年、2012 年和 2015 年快速提升，说明既有出口的农产品种类在上述 4 年中大量退出出口市场。

5.3.2　中国出口本日、韩国与东盟和不同种类农产品

5.3.2.1　谷物类农产品

图 5.5 具体呈现了 2002～2015 年中国谷物类农产品出口日本、韩国和东盟的三元边际对出口变动率的贡献程度。分国别

来看，对日本而言，中国谷物类农产品对其出口额除2006年、2008年、2009年、2013年和2015年急速下滑外，其余年份均有所增加。如：2009年，对日本出口谷物类农产品的扩展边际贡献度相对较小，该年集约边际贡献度的上升（负向）和退出边际贡献度的激增，导致出口变动率为－0.009%。2006年、2008年、2013年和2015年，中国谷物类农产品对日本出口规模有所增加，究其原因，虽然退出边际的阻碍作用相当明显，但是，集约边际和扩展边际的正向作用使中国谷物类农产品对日本出口额有所增加。综合而言，集约边际贡献度的变动，是导致中国谷物类农产品对日本出口额变动的最重要原因。

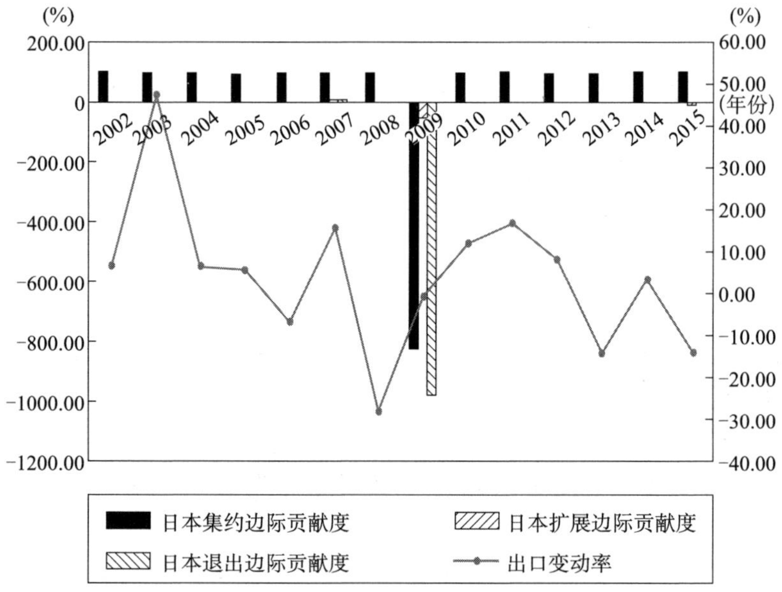

（a）中国谷物类农产品对日本出口的三元边际对于出口额变动的贡献度

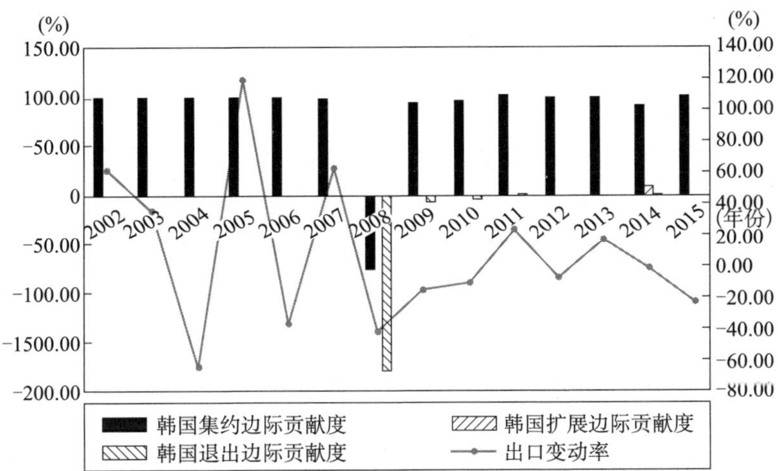

（b）中国谷物类农产品对韩国出口的三元边际对于出口额变动的贡献度

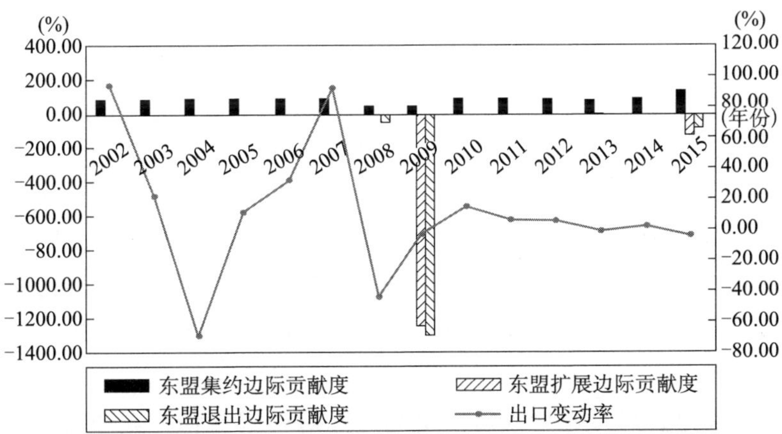

（c）中国谷物类农产品对东盟出口的三元边际对于出口额变动的贡献度

图 5.5　中国谷物类农产品对日本、韩国和东盟出口的三元边际对于出口额度变动的贡献度

注：左侧坐标轴对应的是出口边际贡献度（柱状图），右侧坐标轴对应的是出口变动率（折线图）。

资料来源：根据联合国商品贸易数据库 2001 ~ 2015 年数据整理计算而得。

对韩国而言，2004 年、2006 年、2009 年、2010 年、2012 年和 2015 年，中国谷物类农产品对韩国出口规模有所萎缩。特别是 2004 年，中国谷物类农产品出口变动率为 -60.66%，主要和集约边际对出口变动贡献度的大幅下降有关。在 2006 年、2009 年、2010 年、2012 年和 2015 年，虽然扩展边际的贡献度小幅增加，但是，集约边际贡献度的大幅下降和退出边际贡献度的小幅波动所带来的阻碍作用，导致中国谷物类农产品对韩国出口额均有所下降。2008 年，集约边际贡献度的提升（负向）和退出边际贡献度的增加，导致该年中国对韩国谷物类农产品的出口额下调 -39.49%。集约边际对出口变动率的显著贡献是导致中国谷物类农产品在 2002 年、2003 年、2005 年、2007 年、2011 年、2013 年和 2014 年对韩国出口快速增长的最重要原因。

对东盟而言，中国谷物类农产品对其出口递减的年份分别是 2004 年、2008 年、2009 年和 2015 年。2004 年和 2008 年，集约边际的负向作用是其出口规模萎缩的重要因素。2009 年和 2015 年，特别是 2009 年，虽然谷物类农产品对东盟出口扩展边际的贡献率有所提升，但是，退出边际贡献率的负向阻碍作用，导致该年出口额小幅下降。除上述年份外，集约边际贡献度的提升，是加速中国农产品对东盟出口增长的最重要因素。

总之，2002 ~ 2015 年，集约边际对中国谷物类农产品出口日本出口变动率的贡献度相对较大，韩国次之，东盟最小。除 2009 年东盟外，扩展边际对中国谷物类农产品出口日本、韩国和东盟出口变动率的贡献均不明显。退出边际除了在 2008 年显著地影响了中国谷物类农产品对韩国出口的变动率，在 2009 年影响了对日本和东盟的出口变动率外，在其余年份中国谷物类农产品出口的退出边际对日本、韩国和东盟出口变动率的贡献均很微弱。

从 2002 ~ 2015 年中国谷物类农产品对东盟十国出口的三元边际对于出口变动率的贡献度来分析：（1）对集约边际的贡献度而言，除老挝、缅甸和文莱外，中国谷物类农产品对东盟其余七国出口的集约边际对于出口变动率的贡献度较大。扩展边际对于中国谷物类农产品对老挝、缅甸和柬埔寨出口变动率的贡献度均较小。（2）对扩展边际的贡献度而言，扩展边际对于中国谷物类农产品对东盟十国出口变动率影响较大的国家有老挝、新加坡和柬埔寨。扩展边际对于中国谷物类农产品对东盟其余七国出口变动率的贡献度均较小。（3）对退出边际的贡献度而言，退出边际对于中国谷物类农产品对东盟十国出口变动率影响最大的国家是老挝，随后是缅甸和新加坡。退出边际对于中国谷物类农产品对东盟其余七国出口变动率的贡献度均较小。

5.3.2.2　园艺类农产品

图 5.6 具体呈现了 2002 ~ 2015 年中国园艺类农产品出口日本、韩国和东盟的三元边际对于出口变动率的贡献程度。分国别来看，就日本而言，中国在 2002 年、2007 年、2008 年、2014 年和 2015 年园艺类农产品对日本出口集约边际对于出口变动率的贡献度为负。究其原因，主要是由于既有出口的园艺类农产品种类出口额的大幅减少导致的，表明集约边际的下降对出口额的负面影响较大。在其余 10 年时间中，除了 2012 年和 2013 年，扩展边际对于园艺类农产品对日本出口的变动具有较大的正向贡献外，其余年份集约边际对出口变动率的贡献更大。

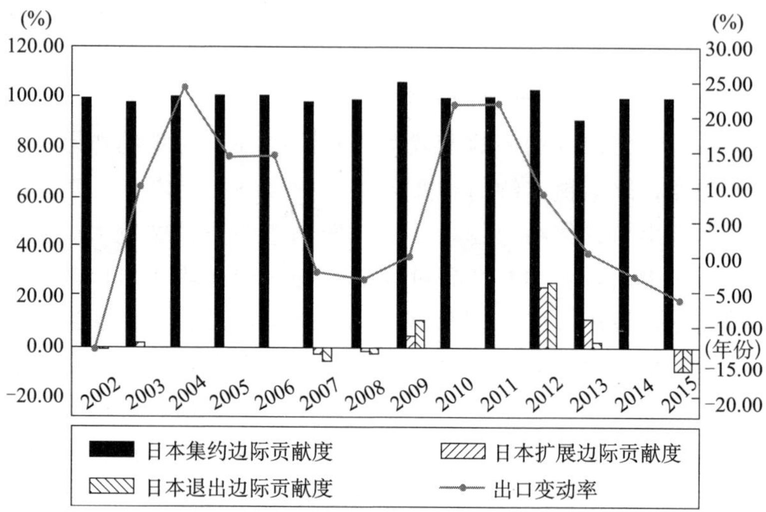

（a）中国园艺类农产品对日本出口的三元边际对于出口变动率的贡献度

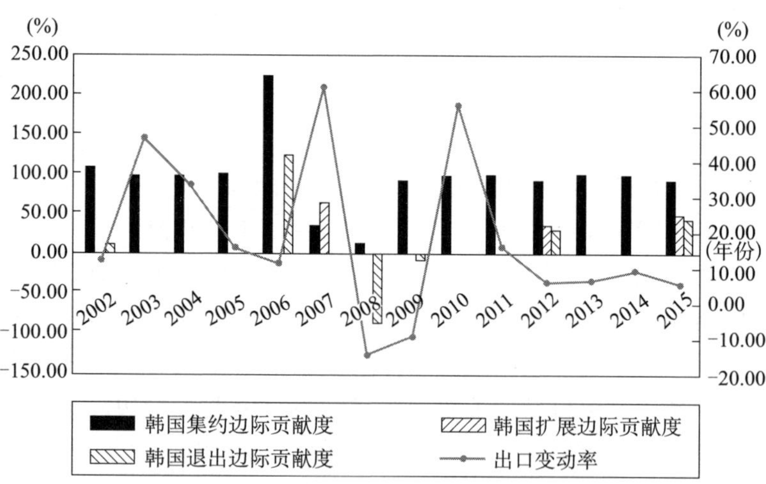

（b）中国园艺类农产品对韩国出口的三元边际对于出口变动率的贡献度

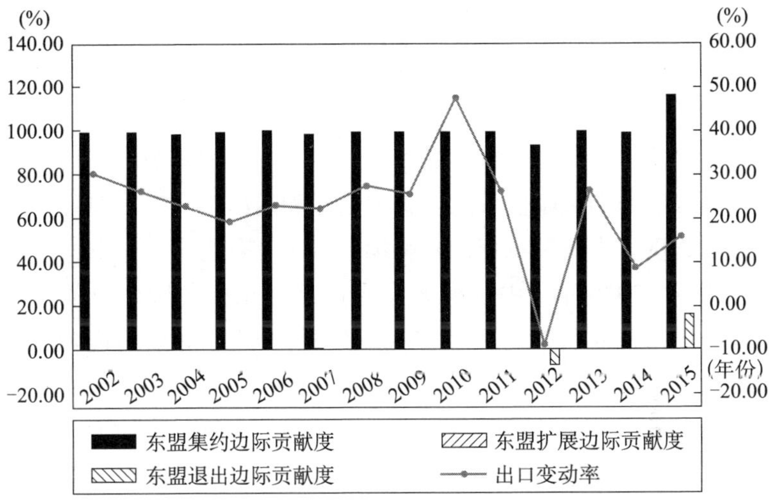

(c) 中国园艺类农产品对东盟出口的三元边际对于出口变动率的贡献度

图 5.6　中国园艺类农产品对日本、韩国和东盟出口的三元边际对于出口变动率的贡献度

资料来源：根据联合国商品贸易数据库 2001 ~ 2015 年数据整理计算而得。

注：左侧坐标轴对应的是出口边际贡献度（柱状图），右侧坐标轴对应的是出口变动度（折线图）。

对韩国而言，中国对韩国的园艺类农产品出口变动率除了在 2008 年和 2009 年出现负值外，其余年份均为正值。2008 年，出口规模的大幅下降，是由于退出边际贡献度的提升所致。2009 年，则是与集约边际贡献度的扩大（负向）有关。也就是说，既有出口的园艺类农产品品种出口规模大幅萎缩。2007 年，扩展边际贡献度的大幅递增，成为中国园艺类农产品在韩国市场占有率提升的重要原因。在其余年份中，出口变动率的提升和扩展边际贡献度的变动关系不明显。

对东盟而言，中国对其出口变动率除了在 2012 年为负值外，其余年份均为正值，出现负值主要与集约边际贡献度的下降有关，出现正值和集约边际贡献度的上升密切相关。这表明，中国园艺类农产品对东盟出口额的波动，主要受集约边际贡献度的影响。

总之，中国园艺类农产品出口日本、韩国和东盟的集约边际对出口变动率的贡献度较大。扩展边际和退出边际对出口变动率的影响程度，由高到低依次是韩国、日本、东盟。

2002～2015 年，中国园艺类农产品对东盟各国出口的三元边际对于出口变动率的贡献程度来分析：（1）对集约边际的贡献度而言，除文莱、缅甸、柬埔寨和新加坡外，中国农产品对东盟其余六国出口集约边际对于出口变动率的贡献度，均大于扩展边际的贡献度和退出边际的贡献度。（2）对扩展边际的贡献度而言，扩展边际对于中国园艺类农产品对东盟十国出口变动率贡献较大的国家有缅甸、新加坡、老挝和越南。扩展边际对于中国园艺类农产品对东盟其余六国出口变动率的贡献均较小。（3）对退出边际的贡献度而言，退出边际对于中国谷物类农产品对东盟各国出口变动率影响最大的是老挝，随后是文莱和新加坡。退出边际对于中国园艺类农产品出口对东盟其余七国出口变动率的贡献均较小。

5.3.2.3　畜类农产品

图 5.7 具体呈现了 2002～2015 年中国畜类农产品出口日本、韩国和东盟的三元边际对于出口变动率的贡献程度。分国别来看，就日本而言，2002～2005 年、2007 年、2009 年、2013～2015 年中国畜类农产品对日本出口额的变动率为负值，其余年份的出口变动率均为正值。除出口变动率为负值的 2014 年外，集约边际贡献率的下降是造成中国畜类农产品对日本出口规模萎缩的主要原因。在出口变动率为正值的年份里，畜类农产品

对日本出口集约边际贡献度的递增是造成出口额上升的主要原因。

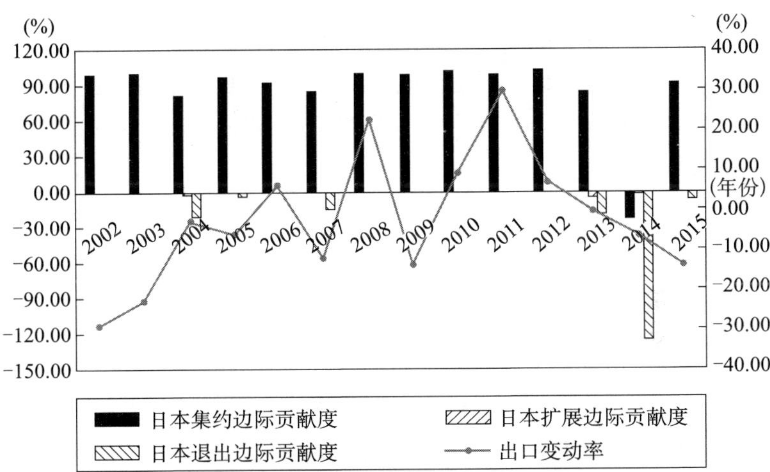

（a）中国畜类农产品对日本出口的三元边际对于出口变动率的贡献度

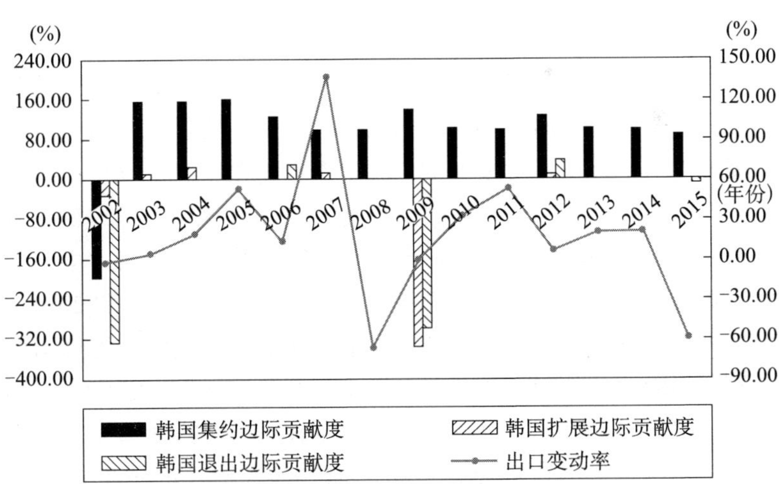

（b）中国畜类农产品对韩国出口的三元边际对于出口变动率的贡献度

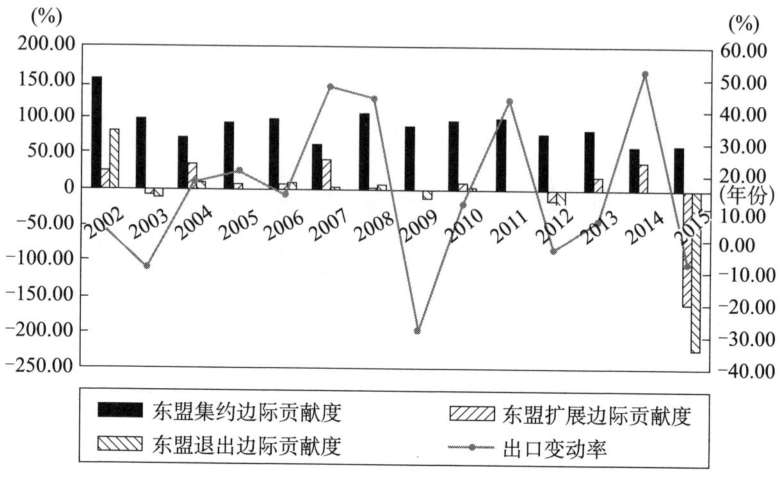

(c) 中国畜类农产品对东盟出口的三元边际对于出口变动率的贡献度

图 5.7 中国畜类农产品对日本、韩国和东盟出口的三元边际对于出口变动率的贡献度

资料来源：根据联合国商品贸易数据库 2001～2015 年数据整理计算而得。

注：左侧坐标轴对应的是出口边际贡献度（柱状图），右侧坐标轴对应的是出口变动率（折线图）。

对韩国而言，2002 年、2008 年、2009 年和 2015 年，中国畜类农产品对韩国的出口变动率为负值。其中，集约边际贡献度的小幅增加、扩展边际贡献度的小幅上调和退出边际贡献度的大幅上升，使 2002 年和 2009 年中国畜类农产品对韩国的出口额小幅下调。2008 年和 2015 年，畜类农产品出口的急速下滑，主要是由集约边际的贡献度大幅下降导致的。2003～2007 年和 2010～2014 年，中国畜类农产品对韩国出口增长，主要是由集约边际贡献度的增加导致的，集约边际的平均贡献度达到 102.73%。

对东盟而言，2003 年、2009 年、2012 年和 2015 年中国畜类农产品对东盟的出口规模均有所萎缩，降幅最大的年份是 2009 年。在 2002 年、2009 年和 2015 年，集约边际贡献度的下滑是造成出口额下降的主要原因。出口额在 2015 年的急剧下降，则是由于退出边际贡献率的扩大引致的。在其余年份中，2014 年出口额的增长主要是由扩展边际的上升作用的，即新增出口的畜类农产品种类出口额的急速提升引起的。除 2014 年外，中国畜类农产品对东盟出口增长的主要原因是集约边际贡献度提升导致的，即由既有出口的畜类农产品出口额的大幅上升引起的。

总之，中国畜类农产品出口日本、韩国和东盟的集约边际对出口变动率的贡献度较大。扩展边际和退出边际对出口变动率的影响程度，由高到低依次是韩国、东盟、日本。

从 2002 ~ 2015 年中国畜类农产品对东盟各国出口的三元边际对于出口变动率的贡献程度分析：（1）对集约边际的贡献度而言，中国对文莱畜类农产品出口的集约边际对于出口变动率贡献度最大，集约边际对东盟其余九国出口变动率的贡献度较为显著。（2）对扩展边际的贡献度而言，扩展边际对于中国畜类农产品对东盟各国出口变动率贡献较大的国家有文莱、缅甸、新加坡、老挝和越南，对东盟其余五国出口变动率的贡献度较小。（3）对退出边际的贡献度而言，退出边际对于中国谷物类农产品对东盟十国出口变动率贡献最大的国家是文莱，随后是老挝和新加坡；退出边际对东盟其余七国出口变动率的贡献度均较小。

5.3.2.4 水产类农产品

图 5.8 具体呈现了 2002 ~ 2015 年中国水产类农产品出口日本、韩国和东盟的三元边际对于出口变动率的贡献程度。分国别来看，就日本而言，中国水产类农产品对日本出口额在 2007 ~ 2009 年和 2013 ~ 2015 年增长率为负值；除 2015 年外，其余 5 年均是由集约边际贡献度的下降引致的。而 2015 年虽然有大量新增出口的水产类农产品进入日本市场，但是集约边际贡献度的增加和退出边际贡献度的增加共同作用使出口额下降 22.33%。

2002～2006 年和 2010～2012 年，水产类农产品在日本市场出口额的提升，主要是由于集约边际贡献度的上升所导致的。

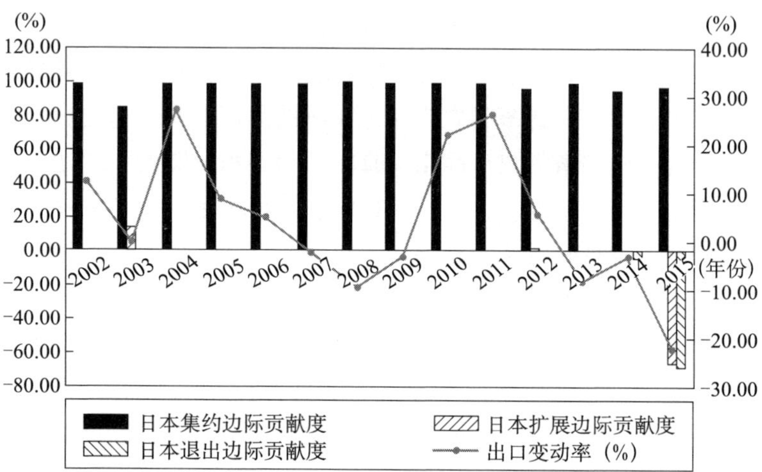

（a）中国水产类农产品对日本出口的三元边际对于出口变动率的贡献度

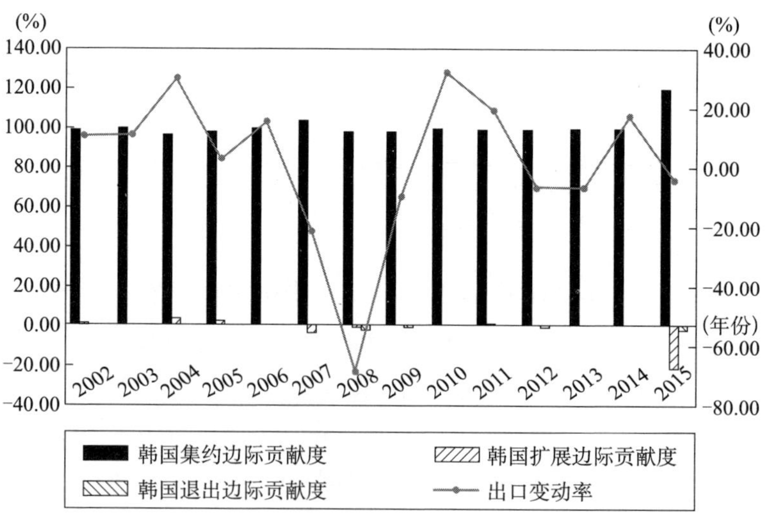

（b）中国水产类农产品对韩国出口的三元边际对于出口变动率的贡献度

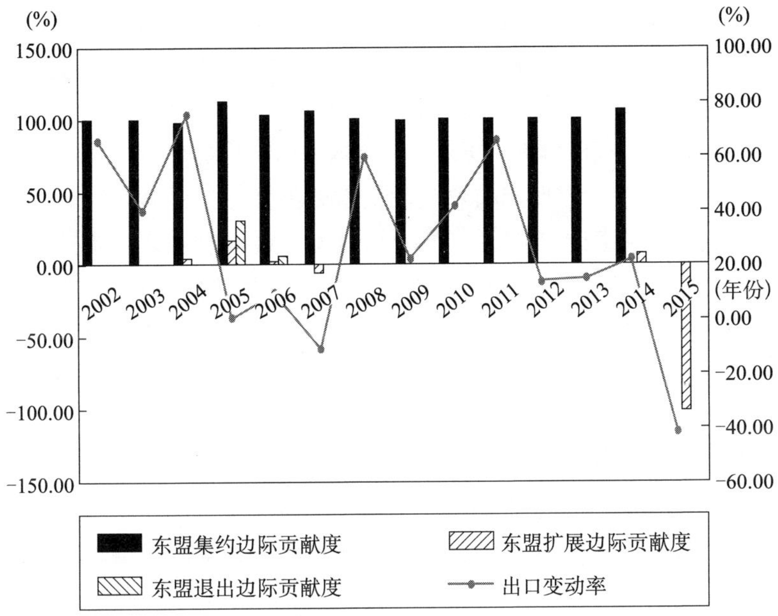

（c）中国水产类农产品对东盟出口的三元边际对于出口变动率的贡献度

图5.8　中国水产类农产品对日本、韩国和东盟出口的三元边际对于出口变动率的贡献度

资料来源：根据联合国商品贸易数据库2001～2015年数据整理计算而得。

注：左侧坐标轴对应的是出口边际贡献度（柱状图），右侧坐标轴对应的是出口变动率（折线图）。

对韩国而言，2007～2009年、2012年、2013年和2015年，中国水产类农产品对韩国出口变动率均为负值，主要和水产类农产品对韩国出口集约边际的负向贡献相关。2002～2006年、2010年、2011年和2014年，水产类农产品出口额的增长主要和集约边际贡献度大幅增加有关，贡献度均值达到99.06%，表明既有出口的水产类农产品种类出口规模的扩大是导致中国出口额提升的最重要原因。

对东盟而言，中国对东盟水产类农产品出口额递减的年份是 2007 年和 2015 年，2007 年出口额萎缩主要和集约边际贡献度大幅下降有关，2015 年主要和退出边际贡献度显著上升有关。2002 ~2006 年和 2008 ~2014 年，集约边际贡献度的提升是导致水产类农产品对东盟出口增长的最重要因素。

总之，中国水产类农产品出口日本、韩国和东盟的集约边际对出口变动率的贡献度较大。扩展边际和退出边际对出口变动率的贡献程度，由高到低依次是东盟、日本、韩国。

从 2002 ~2015 年中国水产类农产品对东盟十国出口的三元边际对于出口变动的贡献程度分析：（1）对集约边际的贡献度而言，相对于东盟其余六国（缅甸、柬埔寨、老挝、马来西亚、越南和泰国）而言，中国水产类农产品对文莱、菲律宾、印度尼西亚和新加坡出口的集约边际，对于出口变动率的贡献程度波动较为明显。（2）对扩展边际的贡献度而言，相对于其余六国，中国水产类农产品对文莱、菲律宾、印度尼西亚、缅甸出口的扩展边际，对于出口变动率的贡献度波动相对较大。（3）对退出边际的贡献度而言，在 2015 年，中国水产类农产品对东盟各国出口的扩展边际，对于出口变动率的贡献度急剧增加。除 2015 年外，扩展边际对出口变动率的贡献度均很小。

■ 第 6 章 ■

中国农产品出口亚洲部分国家三元边际的影响因素分析

长期以来，国际贸易领域较多使用引力模型作为估计出口流量的主要方法，并且根据原始的引力模型或修正的引力模型，分析贸易流量的相关影响因素。① 不同于阿明顿和克鲁格曼引力模型的企业同质性和消费者偏好一致性的假定，本书基于企业异质性贸易理论的重要假定，以第 4 章构建的企业异质性贸易模型推导计量模型为基础，分析中国农产品对亚洲部分国家出口边际的影响因素。

6.1 模型设定

本书以第 4 章推导的理论模型来研究影响三元边际变动的因素，除了引入根据理论模型推导的计量方程中所包含的经济规模、生产率水平、可变贸易成本和固定贸易成本、多边阻力等基

---

① Baier S. L. , Bergstrand J. H. and Feng M. Economic integration agreements and the margins of international trade［J］. Journal of International Economics, 2014, 93 (2): 339 - 350.

本变量外，为了尽量控制其他影响因素对出口边际的影响，考虑到农产品出口的特殊性，我们在模型中增加了一系列控制变量，如农产品显示性比较优势指数、农产品产业内贸易指数、关税水平和是否为自贸区成员国的虚拟变量等，共 11 个相关变量（具体参见 6.2 节变量选择和数据来源部分），构建了影响集约边际、扩展边际和退出边际变化的回归方程，所有变量都均取对数值。

集约边际影响因素的回归方程如式（6.1）所示：

$$IM_{ij} = \beta_0 + \beta_1 AGDP_{ijt-1} + \beta_2 PPROAD_{ijt-1} + \beta_3 DIS_{ij} + \beta_4 TARIFF_{ij} + \beta_5 MR_j + \beta_6 SPS_j + \beta_7 RCA_{ij} + \beta_8 IIT_{ij} + \beta_9 CAFTA_{ijt} + \beta_{10} CKFTA_{ijt} + \varepsilon_{ijt} \quad (6.1)$$

扩展边际影响因素的回归方程如式（6.2）所示：

$$EM_{ij} = \beta_0 + \beta_1 AGDP_{ijt-1} + \beta_2 PPROAD_{ijt-1} + \beta_3 DIS_{ij} + \beta_4 TARIFF_{ij} + \beta_5 EF_j + \beta_6 MR_j + \beta_7 SPS_j + \beta_8 RCA_{ij} + \beta_9 IIT_{ij} + \beta_{10} CAFTA_{ijt} + \beta_{11} CKFTA_{ijt} + \varepsilon_{ijt} \quad (6.2)$$

退出边际影响因素的回归方程如式（6.3）所示：

$$DM_{ij} = \beta_0 + \beta_1 AGDP_{ijt-1} + \beta_2 PPROAD_{ijt-1} + \beta_3 DIS_{ij} + \beta_4 TARIFF_{ij} + \beta_5 EF_j + \beta_6 MR_j + \beta_7 SPS_j + \beta_8 RCA_{ij} + \beta_9 IIT_{ij} + \beta_{10} CAFTA_{ijt} + \beta_{11} CKFTA_{ijt} + \varepsilon_{ijt} \quad (6.3)$$

从上文的公式推导中可以发现，在式（6.1）~式（6.3）中，i 表示中国，j 表示出口目的国；IM_{ij}、EM_{ij}和DM_{ij}分别表示中国农产品对目的国出口的集约边际、扩展边际和退出边际；ε_{ijt}表示随机误差项。所有变量均涵盖 2002 ~2015 年的数值。

6.2 变量选择和数据来源

6.2.1 经济规模（$AGDP_{ijt-1}$）

一国的 GDP 水平决定了该国人口的收入水平，收入水平又决定了该国消费者的购买力水平，从而影响进口国的需求能力。借鉴钱学锋（2010）采用的出口贸易国 GDP 和中国 GDP 比值的方法，在经济规模衡量指标的选取上，为了进一步考虑消费者实际购买能力，我们采用两国人均 GDP 乘积来衡量经济规模大小，即东亚部分国家的人均 GDP 和中国人均 GDP 的乘积作为经济规模的衡量指标，人均 GDP 数据统一以 2010 年不变价格进行平减，从而减少通货膨胀对指标的影响。本书进一步考虑该指标对出口的影响具有滞后性，我们将所选数据滞后一期，数据来源于世界银行统计数据库。根据引力方程的预测，出口贸易流量和贸易伙伴国的 GDP 成正比，我们预测人均 GDP 的乘积对出口集约边际和扩展边际的影响为正，对退出边际的影响为负。本书选取 $\ln(1 + AGDP_i \times AGDP_j)$ 进入方程。

6.2.2 生产率水平($PPROAD_{ijt-1}$)

一国的生产率水平会影响该国进口产品的规模和进口产品种类的数量，进而影响中国出口产品的边际值，学者们倾向于用本行业平均生产率水平代替某一产品生产的生产率水平。范爱军和刘馨遥（2012）以制造业平均生产率水平替代机电产品的平均生产率水平，为了避免数据产生内生性问题从而影响检验结果，范爱军和刘馨遥最终选取制造业的平均工资衡量出口国的生产率水平。马焕杰（2012）则是利用行业人均收入这一指标来衡量生产率水平。耿献辉（2014）用各个国家农业人口人均增加值相对于中国农业人口人均增加值的比值来表示。考虑到数据的可获得性，本书借鉴耿献辉（2014）的研究方法，采用滞后一期的农产品进口国农业人口人均农业增加值相对于滞后一期的中国农业人口人均农业增加值的比值，作为生产率水平的衡量指标代入计量方程。数据统一以 2010 年不变价格进行平减，来源于世界银行统计数据库。我们预测相对农业人口人均农业增加值提高，中国农产品出口集约边际相应减少，出口扩展边际相应上升，生产率水平对退出边际的影响不明确。本书选取 $\ln\left(1+\frac{Prod_j}{Prod_i}\right)$ 进入方程。

6.2.3 可变贸易成本(DIS_{ij}、$TARIFF_{ij}$、SPS_j)

企业异质性贸易理论指出，无论是可变贸易成本或是固定贸易成本的增加，均对一国的出口具有抑制作用。坎欺（2007），阿穆尔戈等（Amurgo et al.，2008），赫尔普曼等（Helpman et al.，2008）均采用中国与贸易伙伴国之间的地理距离，作为衡量可变贸易成本的大小。本书借鉴相关研究方法，将两国首都间的地理距离作为衡量可变贸易成本大小的变量代入计量方程，数据来源于 CEPII－BACI 国际贸易数据库。我们预测地理距离越远对集约边际和扩展边际的负面影响就越大，而对退出边际的正面影响较大。本书选取 $\ln(DIS_{ij})$进入方程。

除此之外，本书进一步考虑农产品出口两大重要可变成本（关税水平和 SPS 通报数）对出口边际的相关影响。就关税水平而言，借鉴曹亮和陆蒙华（2017）的做法，本书根据 WTO 官网提供的农产品 HS92 版本的 6 位码关税详细数据，按照 6 位码的类别对关税税率进行加权平均。权数一般选用某年 6 位码农产品出口额与当年农产品出口总额的比值表示。现以 V_i 表示某类农产品对特定目的国的出口额，r_i 表示某类农产品出口面临的关税税率，$i=1, 2, \cdots, n$，其计算方程式为 $t_i=\frac{\sum_{i=1}^{n}V_i\times r_i}{\sum_{i=1}^{n}V_i}\times 100\%$。我们预测关税水平的上升将对出口扩展边际和集约边际均会产生较强的抑制作用，对退出边际存在较强的促进作用。本章选取 ln（$1+T_i$）进入方程。就 SPS 通报数而言，借鉴鲍晓华和严晓杰（2014）的做法，由于专门针对特定国对中国出口产品通报的 SPS 数量难以获得，我们选择进口国对全球所有国家 SPS 通报数量作为自变量代入方程。数据来源于中国 WTO/TBT - SPS 通报咨询网。我们预测 SPS 协议通报数量的增加，将对出口扩展边际和集约边际均产生较强的抑制作用，对退出边际存在较强的提升作用。本书选取 ln（SPS_{ij}）进入方程。

6.2.4　固定贸易成本（EF_j）

关于固定贸易成本数值的选取，钱学锋（2008，2010）和范爱军（2012）认为，固定成本受多边体制、双边协定中的非关税壁垒和国内行政干预程度等因素的影响。他们根据美国传统基金会（the heritage foundation）出版的《经济自由指数》（index of economic freedom）和《华尔街日报》提供的 160 多个国家和地区涵盖的商务自由、贸易自由、财政自由、政府规模、货币自由、投资自由、金融自由、知识产权和腐败程度等九个方面的总体得分，选择该得分来考察各国和地区固定成本的大小。在本书中，我们借鉴他们的做法，选取 $\ln\left(1+\frac{FREE_j}{FREE_i}\right)$ 进入方程。其中，$FREE_j$ 表示贸易伙伴国的贸易自由度指数，$FREE_i$ 表示本国的贸易自由度指数，数据来源于经济自由度指数数据库。① 我们预测，经济自由度指数越高，对中国出口农产品的集约边际和扩展边际的正向作用越明显，对退出边际的负向作用也越强。

① 经济自由度指数数据来源于 http：//www. heritage. org/index/.

6.2.5 多边阻力(MR_j)

多边阻力(MR_j)是用来表示一国和贸易伙伴国除外的其他国家进行贸易时所产生的平均贸易成本。也就是说，多边阻力值越高，对一国向特定贸易伙伴国出口就会变得越困难。借鉴钱学锋和熊平(2010)的做法，本书将多边阻力定义为$d_b^{-\gamma} = \sum_{i=1}^{I} \frac{g_b}{g} \xi_{ab}$。其中，$\xi_{ab}$为双边贸易自由度指数，即$\xi_{ab} = \sqrt{E_{ab}E_{ba}/E_{aa}E_{bb}}$，$E_{ab}$代表一国对目的国的出口额，$E_{ba}$代表目的国对一国的出口额，$E_{aa}$、$E_{bb}$分别表示一国和目的国的国内总销售额，国内总销售额等于该国的GDP减去该国的总出口额，g_b、g分别是进口国的GDP值和世界各地GDP值的总和。进出口数据来源于联合国商品贸易统计数据库，GDP值来源于世界银行数据库，数据统一以2010年不变价格进行平减。我们将出口目的地的多边阻力值和中国的多边阻力值相比，即可计算获得相对多变阻力值，选取$\ln(1 + d_b^{-\gamma})$进入方程。我们预测，多边阻力值越大，对集约边际和扩展边际的阻碍作用越明显，对退出边际的促进作用则越强。

6.2.6 显示性比较优势(RCA_{ij})

显性性比较优势(RCA_{ij})是衡量一国产品在参与国际贸易时比较优势大小的指标。王孝松(2014)指出，若某产品具有较强的比较优势，则该产品在出口中更具出口竞争力，出口的扩展边际和集约边际增长就越快。显性比较优势指数可以表述为$RCA_{ij} = \left(\frac{X_{aj}}{X_{ij}}\right) \div \left(\frac{X_{aw}}{X_{iw}}\right)$，$X_{aj}$表示一国农产品对贸易伙伴国的出口额，$X_{ij}$表示一国所有产品对贸易伙伴国的出口额，$X_{aw}$表示世界农产品对贸易伙伴国的出口额，$X_{iw}$表示世界所有产品对贸易伙伴国的出口额。若$RCA_{ij}>2.50$，则表示一国农产品出口竞争力强；若$1.25\leqslant RCA_{ij}\leqslant 2.50$，则表示一国农产品出口竞争力较强；若$RCA_{ij}<1.25$，则表示一国农产品出口竞争力中等；若$RCA_{ij}<0.80$，则表示一国农产品出口竞争力弱。出口额数据均用2010年不变价格进行平减，数据均来源于联合国商品贸易统计数据库，经作者整理计算而得。本书选取$\ln(1+RCA_{ij})$进入方程，我们预测一国农产品出口竞争力越强，出口农产品集约边际和扩展边际的值越大，出口农产品的退出边际值越小。

6.2.7　产业内贸易指数(IIT_{ij})

产业内贸易指数是计算一国贸易产品差异程度的统计指标，具体是指在不完全竞争市场下，若一国同时出口又进口同一行业的产品种类。借鉴王孝松（2014）的做法，产业内贸易指数如方程$IIT_{ij}=1-\frac{|X_{ij}-M_{ij}|}{X_{ij}+M_{ij}}$所示。其中，$X_{ij}$表示一国农产品对贸易伙伴国的出口额，$M_{ij}$表示一国农产品自贸易伙伴国的进口额。该指标数值越大，表明一国进行贸易的农产品的差异化程度较高，因而更有利于出口农产品种类的增多，从而扩大农产品出口扩展边际值。农产品产业内贸易指数的增加，对出口集约边际和出口退出边际的影响尚不明确。原始数据来源于联合国商品贸易统计数据库，进出口额数据均用2010年不变价格进行平减，并经作者计算而得。本书选取$\ln(1+IIT_{ij})$进入方程。

6.2.8 虚拟变量（$CAFTA_{ijt}$、$CKFTA_{ijt}$）

近几年来，全球经济一体化进程受阻，各国广泛参与区域经济一体化组织。截至 2015 年，中国已签订了 13 个自由贸易协定。我们预测，随着签订自由贸易协定的成员间的贸易逐渐向自由化发展，中国农产品出口的扩展边际和集约边际都将有所增长，而退出边际则会下降。中国与东盟国家签订自由贸易协定，记为 $CAFTA_{ijt}$，中国与韩国签订自由贸易协定，记为 $CKFTA_{ijt}$。数据均来源于 WTO 贸易网站，如果考察年份中国和出口目的国签订了 FTA 协定，则 $FTA_{ijt}=1$，否则 $FTA_{ijt}=0$。

6.3 实证分析

6.3.1 描述性统计

本书利用 2002～2015 年中国与亚洲部分国家农产品贸易相关的具体数据展开研究。表 6.1 描述了 2002～2015 年中国农产品对亚洲部分国家出口的集约边际、扩展边际、退出边际、经济规模、生产率水平、可变贸易成本（距离、关税和 SPS 措施）、固定贸易成本（贸易自由度指数）、多边阻力、显性比较优势指数、产业内贸易指数等的分布情况。

表 6.1　　2002～2015 年各变量的描述性统计值

变量	观测值	均值	标准差	最小值	最大值
IM_{ij}	168	0.1664	0.2800	-0.6728	1.6369
EM_{ij}	168	0.0643	0.2764	0.0000	3.3119
DM_{ij}	168	0.0395	0.0725	0.0000	0.5346

续表

变量	观测值	均值	标准差	最小值	最大值
$AGDP_{ijt-1}$	168	0. 1478	0. 3490	0. 0012	2. 0329
$PPROAD_{ijt-1}$	168	17. 9925	28. 2949	0. 5443	126. 1379
DIS_{ij}	168	3238. 2980	1116. 7760	955. 6511	5220. 8790
$TARIFF_{ij}$	168	12. 2203	10. 8260	0. 0000	44. 9288
EF_j	168	57. 8405	16. 5949	0. 0000	89. 4000
MR_j	168	0. 0004	0. 0008	0. 0000	0. 0038
SPS_j	168	8. 4762	11. 7835	0. 0000	56. 0000
RCA_{ij}	168	0. 6349	0. 3799	0. 0556	2. 1576
IIT_{ij}	168	0. 5167	0. 2869	0. 0000	0. 9898
$CAFTA_{ijt}$	168	0. 2976	0. 4586	0. 0000	1. 0000
$CKFTA_{ijt}$	168	0. 0059	0. 0772	0. 0000	1. 0000

对比分析集约边际、扩展边际和退出边际的数值，集约边际的最大值为 1. 64，最小值为 -0. 67，均值为 0. 17。扩展边际的最大值为 3. 31，最小值为 0. 00，均值为 0. 06。退出边际的最大值为 0. 53，最小值为 0. 00，均值为 0. 04。我们认为，扩展边际的变化程度最大，集约边际次之，退出边际变化最小；集约边际均值大于扩展边际均值，扩展边际均值大于退出边际均值。对于自变量的描述性统计值而言，各个指标差异明显，表明中国对亚洲部分国家出口的影响因素差异明显。

6. 3. 2　面板单位根检验

为了保证面板数据序列的平稳性，我们结合 LLC 检验、IPS 检验和 xtfisher-ADF 检验三种方法考察变量是否平稳的问题。如表 6. 2 所示，综合上述 3 种方法的检验结果，一部分变量 DM_{ij}、$AGDP_{ijt-1}$、$PPROAD_{ijt-1}$、$TARIFF_{ij}$、MR_j 和 SPS_j 均不能拒绝"所有面板单位均为平稳过程"的原假设。这表明该部分序列为非平稳性序列，无法直接用于面板协整分析。若对上述变量的原序列进行一阶差分后再进行平稳性检验，差分后的序列在 1% 的显著性水平下均拒绝原假设，表明一阶差分后的面板数据序列都是平稳的。

表 6.2　　面板数据相关变量的单位根检验

变量	LLC-p 值	结果	IPS-p 值	结果	xtfisher-p 值	结果
IM_{ij}	0.0000	平稳	0.0000	平稳	0.0000	平稳
EM_{ij}	0.0000	平稳	0.0000	平稳	0.0000	平稳
DM_{ij}	0.9995	不平稳	0.4780	不平稳	0.0000	平稳
$AGDP_{ijt-1}$	0.2516	不平稳	0.0030	平稳	0.0000	平稳
$PPROAD_{ijt-1}$	0.7463	不平稳	0.8220	不平稳	0.9858	不平稳
$TARIFF_{ij}$	0.7233	不平稳	0.9880	不平稳	0.6002	不平稳
EF_{j}	0.0092	平稳	0.8850	不平稳	0.0039	平稳
MR_{j}	0.6429	不平稳	0.9410	不平稳	0.4153	不平稳
SPS_{j}	0.0122	不平稳	0.0760	不平稳	0.0028	平稳
RCA_{ij}	0.0000	平稳	0.0010	不平稳	0.0276	不平稳
IIT_{ij}	0.0001	平稳	0.0390	不平稳	0.0012	平稳
D. IM_{ij}	0.0000	平稳	0.0000	平稳	0.0000	平稳
D. EM_{ij}	0.0000	平稳	0.0000	平稳	0.0000	平稳
D. DM_{ij}	0.0000	平稳	0.0000	平稳	0.0000	平稳
D. $AGDP_{ijt-1}$	0.0000	平稳	0.0000	平稳	0.0000	平稳
D. $PPROAD_{ijt-1}$	0.0000	平稳	0.0000	平稳	0.0000	平稳
D. $TARIFF_{ij}$	0.0000	平稳	0.0000	平稳	0.0000	平稳
D. EF_{j}	0.0000	平稳	0.0000	平稳	0.0000	平稳
D. MR_{j}	0.0000	平稳	0.0000	平稳	0.0000	平稳
D. SPS_{j}	0.0000	平稳	0.0000	平稳	0.0000	平稳
D. RCA_{ij}	0.0000	平稳	0.0000	平稳	0.0000	平稳
D. IIT_{ij}	0.0000	平稳	0.0000	平稳	0.0000	平稳

6.3.3　面板协整分析

由于原始面板没有通过单位根检验，虽然对其一阶差分后得到了平稳面板数据，但是，我们还需要验证他们是否存在一种长期的均衡关系，因此我们要进行补充协整检验，以检验它们之间的协整关系。面板协整分析的检验方法主要有 3 种，分别是 Kao 检验、Pedroni 检验和 Johenson 检验。由于受本书面板数据数量的影响，我们选择 Kao 检验进行协整检验，如果检验结果接受原假设，意味着面板方程不具有协整关系；如果检验结果拒绝原假设条件，意味着面板模型具有协整关系。集约边际 Kao 检验的 P 值为 0.0339，扩展边际 Kao 检验的 P 值为 0.0233，退出边际 Kao 检验的 P 值为 0.0278，均小于 0.1，因此可以拒绝原假设。即集约边际、扩展边际和退出边际均和经济规模、生产率水平、可变贸易成本（地理距离、关税和 SPS 措施）、固定贸易成本（贸易自由度指数）、多边阻力、显性比较优势指数等自变量存在长期稳定的均衡关系，因而能够对其进行回归分析。

6.3.4　组间异方差、组内自相关和组间同期相关检验

我们进一步对面板数据模型的组间异方差、组内自相关和组间同期相关进行检验。（1）与集约边际相关的检验。经检验所得，该数据组间异方差检验 P 值为 0.0000，则均强烈拒绝同方差的原假设，认为模型存在组间异方差。组内自相关检验所得 P 值为 0.0004，则强烈拒绝不存在一阶组内自相关的假设，认为模型存在一阶组内自相关。组间同期相关检验所得 P 值为 0.0085，则强烈拒绝无同期相关的原假设，认为模型存在同期相关。（2）与扩展边际相关的检验。该数据组间异方差检验 P 值为 0.0000，则均强烈拒绝同方差的原假设，认为模型存在组间异方差。组内自相关检验所得 P 值为 0.3632，则强烈接受不存在一阶组内自相关的假设，认为模型不存在组内自相关。组间同期相关检验所得 P 值为 0.0018，则强烈拒绝无同期相关的原假设，认为模型存在同期相关。（3）与退出边际相关的检验。该

数据组间异方差检验 P 值为 0.0000，则均强烈拒绝同方差的原假设，认为模型存在组间异方差。组内自相关检验所得 P 值为 0.1336，则强烈接受不存在一阶组内自相关的假设，认为模型不存在组内自相关。组间同期相关检验所得 P 值为 0.0018，则强烈拒绝无同期相关的原假设，认为模型存在同期相关。

6.4 基准回归结果

随后，本书对回归方法的选择进行了 F 检验和 LM 检验，[①]结果发现两个检验都接受了原假设，这表明混合回归更适合本书的研究。因此，接下来，我们都用混合回归进行线性检验。由于本书涉及的面板数据为小 N 大 T 的长面板数据，面板矫正标准误法（XTPCSE）、可行广义最小二乘法（FGLS）和全面的可行广义最小二乘法（全面 FGLS）都可用于相关数据回归。面板矫正标准误方法提供了组间异方差与同期相关稳健的面板校正标准误差。可行广义最小二乘法仅针对组内自相关，并未考虑组间异方差或同期相关。全面的可行广义最小二乘法，考虑了组间异方差、组内自相关和组间同期相关同时存在的情形。总体而言，“OLS + 面板校正标准误法”最为稳健，而全面的 FGLS 估计较有效率。考虑到面板数据存在的组间异方差、组内自相关和组间同期相关的问题，为了保证回归数据的有效性和可靠性，本书经筛选后选择全面 FGLS 方法进行回归分析，回归结果详见表 6.3。

---

① LM 检验服从卡方分布，F 检验服从 F 分布，LM 检验原假设为接受混合回归，对立假设为接受随机效应回归，F 检验原假设接受混合回归，对立假设为接受固定效应回归。若拒绝原假设，则需要补充豪斯曼检验，确认选择固定效应模型还是随机效应模型进行回归。

表 6.3　　基准回归结果

变量	集约边际		扩展边际		退出边际	
	Coef.	标准误 P 值	Coef.	标准误 P 值	Coef.	标准误 P 值
$AGDP_{ijt-1}$	0.1107	0.0383 ***	0.0826	0.0165 ***	0.0134	0.0074 **
$PPROAD_{ijt-1}$	-0.0938	0.0169 ***	-0.0426	0.0047 ***	-0.0153	0.0027 ***
DIS_{ij}	-0.0180	0.0333	-0.0050	0.0068	-0.0242	0.0047 ***
Ef_j	—	—	-0.0008	0.0050	0.0050	0.0044
MR_j	-7.9300	13.6479	-16.5186	4.0366 ***	16.8980	2.0518 ***
$TARIFF_{ij}$	-0.0499	0.0136 ***	-0.0040	0.0026	-0.0251	0.0023 ***
SPS_j	-0.0345	0.0067 ***	-0.0244	0.0019 ***	0.0058	0.0014 ***
RCA_{ij}	0.4590	0.0453 ***	0.0379	0.0146 ***	0.1148	0.0095 ***
IIT_{ij}	-0.0197	0.0346 ***	-0.2017	0.0179 ***	0.0529	0.0115 ***
$CAFTA_{ijt}$	0.0059	0.0301 ***	-0.0115	0.0071	-0.0033	0.0057
$CKFTA_{ijt}$	0.1268	0.1425	0.0178	0.0136	0.0344	0.0071 ***
cons	0.3965	0.2659	0.1747	0.0506 ***	0.1206	0.0462 ***

注：*** 、** 和 * 分别表示 FGLS 回归 P 值在 1% 、5% 和 10% 的显著性水平下通过检验。"—" 表示对应变量（Ef_i）未引入集约边际计量方程进行回归分析。

FGLS 回归结果较好地呈现了集约边际、扩展边际和退出边际的相关影响因素。从表 6.3 分析的结果来看，在以上回归模型中，经济规模、生产率水平、可变贸易成本（距离、关税和 SPS 通报数）、固定贸易成本和多边阻力等主要影响因素的系数符号与本书预期相一致。

关于集约边际影响因素的决定：

（1）中国农产品出口亚洲部分国家的集约边际与经济规模正相关。也就是说，人均 GDP 乘积越大，进口国对中国既有出口农产品种类的需求就越大，越有利于中国农产品出口集约边际的增长。人均 GDP 乘积每增长 1%，会导致集约边际增长 0.11% 。

（2）相对农业人口人均农业增加值对集约边际的影响为负，即相对农业人口平均农业增加值每增长 1% ，会导致集约边际减少 0.09% 。也就是说，出口目的国的生产率水平相对越高，本国的农产品生产率水平相对越低，集约边际值就越小。这符合梅里兹（2003）和钱尼（2008）企业异质性贸易模型的理论推导模型结论，即生产率越高的企业越倾向于参与出口贸易。如果进口国的农业人口平均增加值相对较高，出口国的农业人口平均增加值相对较低，表明出口国企业参与出口的数量相应减少，从而影响既有出口农产品种类的出口总额。

（3）地理距离对出口集约边际的影响不显著。这也符合客观实际情况，中国与亚洲的主要农产品进口国的地理距离较近，相互之间也不具有明显的差异性。特别是，在经济一体化的大背景下，公路设施、铁路设施、港口设施和航空设施的高度发展，距离在很大程度上对出口的影响并不明显。所以，在我们的模型中，虽然距离对集约边际的影响方向为负，但是影响作用并不显著。

（4）多边阻力对集约边际的影响不显著。考虑到数据的可获得性和完整性，本书加入了关税和 SPS 的具体数值，从而更加客观地考虑贸易可变成本对出口边际的影响。

（5）关税水平对集约边际的影响为负。这表明，关税水平每增长 1%，中国农产品出口集约边际就下降 0.05%，也就意味着、进口关税的下降将扩大进口国消费者增加对既有出口农产品种类的需求。

（6）SPS 通报数对集约边际的影响为负，SPS 通报数量每增长 1%，导致集约边际下降 0.03%。

（7）RCA 指数的估计系数显著为正，RCA 数值每增长 1%，会导致集约边际增长 0.46%。结果表明中国农产品的国际竞争力越强，既有出口农产品种类受进口国的欢迎程度越高。

（8）IIT 的估计系数显著为负，IIT 数值每增长 1%，集约边际的大小会下降 0.2%。我们认为，中国农产品行业参与产业内贸易的程度越高，出口农产品的差异化程度就越高，因而出口更趋于多样化发展，消费者对新产品的需求会上升，而对既有出口农产品的需求会下降。

(9) $CAFTA_{ijt}$和$CKFTA_{ijt}$对中国农产品出口亚洲部分国家的集约边际影响不显著，说明中国—东盟自由贸易区的建立和中韩自由贸易区的建立，并未促进既有出口的农产品种类出口额的递增。

关于扩展边际影响因素的决定：

(1) 中国农产品出口亚洲部分国家的扩展边际与经济规模显著正相关。也就是说，中国和出口目的国的人均GDP乘积越大，进口国对中国新增出口农产品种类的需求就越大，越有利于中国新增农产品出口种类、出口规模的扩大。人均GDP乘积每增长1%，会导致扩展边际增加0.08%。

(2) 生产率水平对扩展边际的影响显著为负，即相对农业人口人均农业增加值每增长1%，会导致扩展边际减少0.04%。该回归结果也符合理论预期，进口国的生产率水平相对值越高，表明出口国的生产率水平相对越低，参与出口的企业越少，企业所能提供的异质性产品就越少，从而影响中国农产品对亚洲部分国家出口扩展边际的增加。

(3) 地理距离对出口扩展边际的影响为负，但不显著。这也符合客观实际情况，中国与亚洲农产品出口目的国的地理距离较近，相互之间并不具有明显差异性。

(4) 经济自由度对扩展边际的影响为负，但不显著。影响为负与钱学峰（2010）的研究结果一致，即出口目的地的固定成本相对值越小，扩展边际值就越大。

(5) 多边阻力对扩展边际的影响显著为负。多边阻力每增加1%，会导致扩展边际减少16.52%，减幅较为显著。表明中国与东亚主要出口国之间的平均贸易成本越大，即多边阻力越大，其对中国新增农产品种类出口负向作用更明显。

（6）关税水平对中国农产品出口扩展边际作用为负但不显著。

（7）SPS 通报数对扩展边际的影响显著为负，SPS 通报数每增长 1%，会导致扩展边际下降 0.02%。这表示随着非关税壁垒 SPS 通报数量的增加，中国新增农产品种类对亚洲部分国家的出口受阻明显。

（8）RCA 指数对扩展边际的影响显著为正，RCA 数值每增加 1%，会导致扩展边际增加 0.04%。

（9）IIT 指数对扩展边际的影响显著为负，IIT 数值每增长 1%，扩展边际相应减少 0.20%。究其主要原因，可能与差异化农产品种类不一定迎合亚洲部分国家的消费偏好相关。

（10）$CAFTA_{ijt}$和 $CKFTA_{ijt}$对中国农产品对于亚洲部分国家出口的扩展边际影响不显著，说明中国—东盟自由贸易区的建立和中韩自由贸易的建立，对新增农产品对于亚洲部分国家出口的边际影响不显著。

关于退出边际影响因素的决定：

（1）中国农产品出口亚洲部分国家的退出边际与经济规模正相关。人均 GDP 乘积每增加 1%，会导致退出边际增长 0.01%。这表明进口国 GDP 相对值越大，中国既有出口农产品种类退出市场的规模就越大。这可能与进口国的消费偏好有关，消费者更趋向于购买新增出口的农产品种类，这与经济规模对扩展边际显著正相关的实证结果相符。

（2）相对农业人口人均农业增加值对退出边际的影响显著为负，即相对农业人口人均农业增加值每增长 1%，会导致退出边际减少 0.02%。该回归结果也符合客观现实，进口国的生产率水平相对越高，出口国的生产率水平相对较低，进口国有可能对中国新增出口农产品种类的需求减弱，而对中国既有出口农产品种类的需求增加，从而导致中国退出边际下降。

（3）地理距离对出口退出边际的影响显著为负，表明地理距离每增加 1%，退出边际就下降 0.02%。这意味着，两国地理距离越远，退出边际就越小，退出出口的农产品规模相应减少。回归结果似乎难以理解，考虑到实际情况，为了应对激烈的国际竞争，特别是在中国农产品对东盟国家出口时，企业可能通过压缩利率的方法保持其既有出口规模，达到薄利多销的目的。所以，虽然中国和出口目的国的地理距离增加，但是，退出出口的农产品种类数却未大幅削减。

（4）经济自由度对退出边际的影响为正，但不显著。

（5）多边阻力对扩展边际的影响显著为负。多边阻力每增加 1%，会导致退出边际增加 16.90%。表明中国与亚洲部分农产品进口国之间的平均贸易成本越大，即多边阻力越大，其对中国农产品退出边际的正向作用更明显，更多的原出口农产品种类退出出口市场。

（6）关税水平对中国农产品出口退出边际作用显著为负。关税水平每增长 1%，会导致退出边际减少 0.03%，减幅很小。表明关税水平的提升，会导致退出边际小幅下降，退出出口的农产品种类减少，显然和我们的预期不相符。我们猜测，在中国大力发展区域经济一体化政策的激励下，企业不仅需要考虑出口成本的影响，而且需考虑农产品出口能够得到出口补贴的多少。只要出口补贴足够多，出口所面临的进口关税水平对其出口的影响并不明显。

（7）SPS 通报数对扩展边际的影响显著为正，SPS 通报数每增长 1%，会导致退出边际上升 0.01%。表示随着非关税壁垒 SPS 通报数量的增加，我国退出出口的农产品种类就增加。

（8）RCA 指数对扩展边际的影响显著为正，RCA 数值每增长 1%，会导致退出边际增加 0.11%。结果表明，农产品的国际竞争力越强，退出出口农产品的规模越大，这可能和RCA数值和集约边际高度正相关有关。

（9）IIT指数对扩展边际的影响显著为负，IIT数值每增长1%，退出边际相应增加0.05%。究其主要原因，可能和进口国对既有出口农产品种类的偏好程度下降有关。

（10）$CAFTA_{ijt}$对中国农产品对亚洲部分国家出口的退出边际影响不显著，说明中国—东盟自由贸易区的建立对退出出口的农产品种类影响不大。$CKFTA_{ijt}$对中国农产品出口亚洲部分国家退出边际影响显著为正，说明中韩自由贸易区的建立并未对中国对韩国农产品出口退出边际的减少起到促进作用。

6.5 稳健性检验

包括以滞后变量为工具变量的内生性检验和进行变量替换的稳健性检验两种方法，第7章中有关分类农产品基准回归结果的稳健性检验，也用该方法进行检验。

由于本书涉及的数据类型属于长面板数据，分析基准回归结果是否稳健必须要考察面板数据的内生性问题。若存在下述现象：遗漏变量问题，如果遗漏的变量与其他解释变量不相关，则多数不会造成影响；反之，如果遗漏的变量与其他解释变量相关，则会导致解释变量与残差项相关，从而引起内生性；解释变量与被解释变量相互影响，亦会导致内生性；关键变量的度量上存在误差，使其与真实值之间存在偏差，这种偏差会成为误差的一部分，进而也会引起内生性问题。我们怀疑集约边际、扩展边际和退出边际与一国的生产率水平产生内生性问题。如生产率水平会影响特定进口国进口产品的规模和进口产品种类的数量，进而影响中国出口产品的集约边际值、扩展边际值和退出边际值。既有出口种类产品规模的扩大和原有出口产品种类数量的变化又会影响特定国家生产率水平的变化。为了进一步考察核心变量的内生性问题，我们采用刘志彪和张杰（2009）以滞后一期或滞后二期的变量作为工具变量进行实证回归，检验本书所涉及的内生性问题。[①] 由于中国和东亚主要农产品出口国的距离不随时间的变化而变化，所以，距离滞后的检验效果有限，因此我们不将距离滞后纳入内生性检验。

我们在集约边际层面检验变量的内生性问题，见表 6.4，主要是采用核心变量的滞后二期来进行实证分析，其中，$CKFTA_{ijt}$ 的回归结果被删除，主要是由于在滞后二期后该变量产生了奇异矩阵。从表 6.4 的检验结果来看，本书的核心变量基本处于稳健显著，因为核心变量的回归系数大小和符号与基准回归结果基本保持一致。值得一提的是，多边阻力的系数变大了，说明多边阻力对集约边际的阻碍作用趋于明显。这可能与进口国消费者的消费偏好改变有关，消费者对新增出口种类农产品的喜好程度增加有关。控制变量不是本书研究的重点，因此，不在这里进行阐述。

表 6.4　　集约边际下以滞后变量为工具变量的检验

变量	Ⅰ	Ⅱ	Ⅲ	Ⅳ	Ⅴ
$AGDP_{ijt-1}$	0.1626*** (0.0368)	0.1626*** (0.0369)	0.1662*** (0.0393)	0.1482*** (0.0378)	0.1710*** (0.0349)
$PPROAD_{ijt-1}$	-0.1100*** (0.0150)	-0.1100*** (0.0150)	-0.1227*** (0.0146)	-0.1067*** (0.0151)	-0.1158*** (0.0120)
DIS_{ij}	-0.0111*** (0.0337)	-0.0111 (0.0336)	-0.0284 (0.0289)	-0.0097 (0.0337)	-0.0219 (0.0303)

① 该方法参考 Biesebroeck J. Exporting raises productivity in sub - Saharan African manufacturing firms [J]. Journal of International Economics, 2005, 67 (2): 373 - 391.

续表

变量	Ⅰ	Ⅱ	Ⅲ	Ⅳ	Ⅴ
MR_j	-11.8347* (7.6438)	-11.8347* (7.6438)	0.1579 (8.4244)	-0.9739 (9.2878)	-4.1910 (6.8479)
$TARIFF_{ij}$	-0.0523*** (0.0128)	-0.0523*** (0.0128)	-0.0748*** (0.0128)	-0.0562*** (0.0135)	-0.0627*** (0.0111)
SPS_j	-0.0397*** (0.0061)	-0.0397*** (0.0061)	-0.0434*** (0.0062)	-0.0393*** (0.0065)	-0.0455*** (0.0049)
RCA_{ij}	0.4433*** (0.0350)	0.4433*** (0.0350)	0.5048*** (0.0359)	0.4358*** (0.0372)	0.4741*** (0.0326)
IIT_{ij}	-0.0897*** (0.0275)	-0.0897*** (0.0275)	-0.0880*** (0.0266)	-0.0688*** (0.0278)	-0.0635** (0.0301)
$CAFTA_{ijt}$	-0.0222*** (0.0240)	-0.0222 (0.0240)	-0.0229 (0.0271)	-0.0192 (0.0264)	-0.0178 (0.0150)
$CKFTA_{ijt}$	—	—	—	—	—
cons	0.3855 (0.2710)	0.3855 (0.2710)	0.5627** (0.2228)	0.3740 (0.2706)	0.4903 (0.2442)

注：括号内为回归系数的标准误，***、** 和 * 分别表示在 1%、5% 和 10% 的显著性水平下通过检验。“—”表示由于滞后二期的 $CKFTA_{ijt}$ 变量在回归结果中产生了奇异矩阵，因此，该变量被删除。

我们在扩展边际层面的内生性检验，详见表 6.5，仍是采用核心变量的滞后二期来进行实证分析。其中，$CKFTA_{ijt}$ 的回归结果被删除，主要是由于在滞后二期后该变量产生了奇异矩阵。从表 6.5 的检验结果来看，核心变量的回归系数符号、大小和显著性与基准回归结果基本一致，因此我们可以认为本书得出的结论依然是稳健显著。至于距离自变量和经济自由度变量的系数大小发生明显变化，可能是由于在扩展边际层面下，二者对被解释变量的影响作用有限，因为二者的回归系数不显著，至于作用有限的原因，可能与中国和亚洲部分国家的距离不存在显著差异有关。特别是在经济一体化的大背景下，公路设施、铁路设施、港口设施和航空设施的高度发展，距离在很大程度上对出口的影响作用不明显。

表 6.5 扩展边际下以滞后变量为工具变量的检验

变量	I	II	III	IV	V	VI
$AGDP_{ijt-1}$	0.0669*** (0.0110)	0.0987*** (0.0127)	0.0654*** (0.0123)	0.0641*** (0.0132)	0.0586*** (0.0113)	0.0621*** (0.0102)
$PPROAD_{ijt-1}$	−0.0472*** (0.0031)	−0.0558*** (0.0042)	−0.0432*** (0.0027)	−0.0463*** (0.0034)	−0.0443*** (0.0034)	−0.0402*** (0.0041)
DIS_{ij}	0.0122** (0.0064)	0.0113* (0.0074)	0.0169** (0.0072)	0.0112** (0.0061)	0.011* (0.0062)	0.0141** (0.0074)
Ef_j	−0.004 (0.0030)	−0.0058** (0.0032)	−0.0054* (0.0028)	−0.0052 (0.0033)	−0.0034 (0.0031)	−0.0132*** (0.0043)
MR_j	−16.4802*** (2.6841)	−14.2122*** (2.6028)	−17.0451*** (2.7776)	−15.1413*** (2.7912)	−15.3231*** (2.7892)	−14.4361*** (2.3401)
$TARIFF_{ij}$	−0.0031 (0.0022)	−0.0059** (0.0027)	−0.0017 (0.0020)	−0.0029 (0.0024)	−0.0022 (0.0021)	−0.0001 (0.0034)
SPS_j	−0.0231*** (0.001)	−0.0232*** (0.0017)	−0.0216*** (0.0007)	−0.023*** (0.0012)	−0.0231*** (0.0014)	−0.0201*** (0.0010)
RCA_{ij}	0.057*** (0.011)	0.0746*** (0.0124)	0.0658*** (0.0110)	0.0542*** (0.0110)	0.0532*** (0.0101)	0.0712*** (0.0103)
IIT_{ij}	−0.228*** (0.0120)	−0.2238*** (0.0137)	−0.2201*** (0.0124)	−0.2278*** (0.0121)	−0.2232*** (0.0116)	−0.1957*** (0.0137)
$CAFTA_{ijt}$	−0.002 (0.0070)	−0.0068 (0.0067)	0.0012 (0.0070)	−0.0024 (0.0067)	−0.0022 (0.0068)	0.0001 (0.0042)
$CKFTA_{ijt}$	—	—	—	—	—	—
cons	0.141 (0.047)	0.1658*** (0.0552)	0.0794* (0.0542)	0.1554*** (0.0478)	0.1423*** (0.0451)	0.1120** (0.0502)

注：括号内为回归系数的标准误，***、** 和 * 分别表示在 1%、5% 和 10% 的显著性水平下通过检验。"—"表示由于滞后二期的 $CKFTA_{ijt}$ 变量在回归结果中产生了奇异矩阵，因此，该变量被删除。

在退出边际层面的内生性检验，详见表 6.6，仍利用滞后二期的变量作为工具变量进行实证分析。其中，$CKFTA_{ijt}$ 的回归结果被删除，主要是由于在滞后二期后，该变量产生了奇异矩阵。从表 6.6 的检验结果来看，我们可以发现，虽然表 6.6 中个别核心变量回归系数的大小有所变大，但是，核心变量的符号保持与基准回归结果一致，并且都是在 1% 的水平下通过了显著性检验，因此，考虑内生性后本书的结果依然是稳健显著的。具体来看，经济规模、经济自由度和距离的回归系数变大了，这可能和 $CKFTA_{ijt}$ 被删除造成的变量遗漏有关，也可能和消费者的消费偏好有关，消费者更趋向于购买新增出口的农产品种类，这与经济规模和扩展边际显著正相关的实证结果相符。

表 6.6　　退出边际下以滞后变量为工具变量的检验

变量	Ⅰ	Ⅱ	Ⅲ	Ⅳ	Ⅴ	Ⅵ
$AGDP_{ijt-1}$	0.0472*** (0.0059)	0.5254*** (0.0593)	0.0471*** (0.0059)	0.0350*** (0.0051)	0.0501*** (0.0042)	0.0486*** (0.0068)
$PPROAD_{ijt-1}$	−0.0145*** (0.0018)	−0.1614*** (0.0016)	−0.0133*** (0.0021)	−0.0101*** (0.0023)	−0.0142*** (0.0010)	−0.0142*** (0.0020)
DIS_{ij}	−0.0074*** (0.0013)	−0.0079*** (0.0017)	−0.0073** (0.0035)	−0.0091*** (0.0013)	−0.0082*** (0.0023)	−0.0158*** (0.0027)
Ef_j	0.0071* (0.0041)	0.0083* (0.0052)	0.0024 (0.0056)	0.0092** (0.0043)	0.0061* (0.0035)	0.0010 (0.0049)
MR_j	15.4306*** (1.0718)	15.1076*** (0.3348)	15.3122*** (0.4545)	15.0721*** (0.9753)	15.715*** (1.0191)	17.2710*** (1.3912)
$TARIFF_{ij}$	−0.0135*** (0.0006)	−0.0143*** (0.0008)	−0.0136*** (0.0019)	−0.0134*** (0.0012)	−0.0127*** (0.0011)	−0.0128*** (0.0021)
SPS_j	0.0067*** (0.0003)	0.0066*** (0.0005)	0.0063*** (0.0001)	0.0063*** (0.0002)	0.0072*** (0.0011)	0.0008 (0.0012)
RCA_{ij}	0.1434*** (0.0035)	0.1391*** (0.0046)	0.1312*** (0.0083)	0.1384*** (0.0032)	0.1374*** (0.0042)	0.1401** (0.0058)
IIT_{ij}	0.0990*** (0.0027)	0.0952*** (0.0043)	0.0894*** (0.0092)	0.0974*** (0.0033)	0.0987*** (0.0042)	0.1003*** (0.0068)
$CAFTA_{ijt}$	0.0075*** (0.0008)	0.0056*** (0.0012)	0.0041 (0.0030)	0.0082*** (0.0013)	0.0057*** (0.0011)	0.0069*** (0.0021)
$CKFTA_{ijt}$	—	—	—	—	—	—
cons	−0.0917*** (0.0202)	−0.0833*** (0.0284)	−0.0632 (0.0454)	−0.0894*** (0.0192)	−0.0834*** (0.0237)	−0.0147 (0.0343)

注：括号内为回归系数的标准误，*** 、** 和 * 分别表示在 1% 、5% 和 10% 的显著性水平下通过检验。“—”表示由于滞后二期的 $CKFTA_{ijt}$ 变量在回归结果中产生了奇异矩阵，因此，该变量被删除。

为了进一步检验计量结果的稳定性，即研究结论是否受到自变量选择的显著影响，借鉴任力和黄崇杰（2015）的研究方法，我们将采取就业人口 GDP 相对值指标替代人均 GDP 乘积对模型进行稳健性检验。本书将基准三元边际的影响因素回归方程记为 A，将变量就业人口 GDP 相对值指标替代人均 GDP 乘积替换后的回归方程记为 B。考虑到 2001 年前有关贸易的数据缺失，本章研究的起止时间为 2002～2015 年。表 6.7 的回归结果显示：首先，经济规模、相对农业人口人均农业增加值、关税水平、显示性比较优势指数和产业内贸易指数对集约边际的影响系数依然显著，且其符号和集约边际 A 的回归系数相同，表明方程的回归结果很稳健。其次，经济规模、多边阻力、可变贸易成本（SPS 通报数）和产业内贸易指数对扩展边际的影响在扩展边际影响因素回归方程扩展边际 A 和扩展边际 B 中均显著。相对农业人口人均农业增加值和显示性比较优势指数的影响在扩展边际 A 中较为显著，中韩自由贸易区成立的影响在扩展边际 B 中的影响较为显著。虽然两个回归方程有所差异，但综合考虑，方程的回归结果仍较为稳健。最后，经济规模、地理距离、多边阻力、可变贸易成本（关税水平和 SPS 通报数）、显示性比较优势指数、产业内贸易指数和中韩自由贸易区的建立，对退出边际的影响在退出边际 B 中非常显著，且其符号和退出边际 A 的回归系数相同。相对农业人口人均农业增加值在退出边际 A 中影响显著，在退出边际 B 中的影响不显著，虽然有所差异，我们认为退出边际的影响因素回归方程结果仍是稳健的。综合判断，表 6.3 的基准回归结果是稳健的。

表 6.7 回归结果稳健性分析

变量	集约边际 A Coef.	集约边际 B Coef.	扩展边际 A Coef.	扩展边际 B Coef.	退出边际 A Coef.	退出边际 B Coef.
$AGDP_{ijt-1}$	0.1107	0.0551	0.0826	-0.0209	0.0134	-0.0194
	(0.000)	(0.035)	(0.000)	(0.035)	(0.069)	(0.000)
$PPROAD_{ijt-1}$	-0.0938	-0.825	-0.0426	-0.0096	-0.0153	-0.0009
	(0.000)	(0.000)	(0.000)	(0.114)	(0.000)	(0.804)
DIS_{ij}	-0.018	-0.0165	-0.005	0.0092	-0.0242	-0.227
	(0.589)	(0.629)	(0.458)	(0.147)	(0.000)	(0.000)
Ef_j	—	—	0.001	0.001	0.005	0.0054
	—	—	(0.868)	(0.851)	(0.255)	(0.197)
MR_j	-7.93	1.5138	-16.5186	-17.5167	16.898	15.6041
	(0.561)	(0.897)	(0.000)	(0.000)	(0.000)	(0.000)
$TARIFF_{ij}$	-0.0499	-0.0342	-0.004	0.0001	-0.0251	-0.0242
	(0.000)	(0.008)	(0.123)	(0.979)	(0.000)	(0.000)
SPS_j	-0.0345	-0.0268	-0.0244	-0.0188	0.0058	0.006
	(0.000)	(0.000)	(0.000)	(0.000)	(0.000)	(0.000)
RCA_{ij}	0.459	0.3369	0.0379	0.0226	0.1148	0.1232
	(0.000)	(0.000)	(0.009)	(0.104)	(0.000)	(0.000)
IIT_{ij}	-0.0197	-0.0672	-0.2017	-0.1903	0.0529	0.0568
	(0.008)	(0.034)	(0.000)	(0.000)	(0.000)	(0.000)
$CAFTA_{ijt}$	0.0059	0.0412	-0.0115	-0.0033	-0.0033	-0.0015
	(0.846)	(0.116)	(0.104)	(0.625)	(0.555)	(0.769)
$CKFTA_{ijt}$	0.1268	0.2482	0.0178	0.0274	0.0344	0.0336
	(0.373)	(0.144)	(0.191)	(0.052)	(0.000)	(0.000)
cons	0.3965	0.3222	0.1747	0.1081	0.1206	0.1004
	(0.136)	(0.224)	(0.001)	(0.023)	(0.009)	(0.024)

注：括号内的数值为 P 值。“—”表示对应变量（EF_j）未引入集约边际计量方程进行回归分析。

第7章

中国不同种类农产品出口亚洲部分国家三元边际的影响因素分析

在实证分析中国农产品出口亚洲部分国家三元边际影响因素的基础上，我们进一步探究谷物类、园艺类、畜类和水产类农产品出口三元边际的不同影响因素，从而更为细致、全面地把握中国农产品出口的详细情况，为对策的提出提供实证数据支撑。

7.1 中国谷物类农产品出口三元边际影响因素的分析

7.1.1 实证分析

7.1.1.1 样本数据描述性统计

本书利用2002~2015年中国谷物类农产品对亚洲部分国家出口三元边际的具体数据进行研究。表7.1列举了相关变量的描述性统计情况。我们可知，在14年间，谷物类农产品出口亚洲部分国家集约边际的最大值为6.60，最小值为-0.92；扩展边际的最大值为4.08，最小值为0.00；退出边际的最大值为0.94，最小值为0.19，变化幅度最大的是集约边际。谷物类农产品出口遭遇的关税水平的最小值为 0.00，最大值为 153.95，标准差为 33.71，均值为 17.16。数据表明，关税水平的离散程度较大。显示性比较优势指数（RCA）均值为 0.54，表明中国谷物类农产品的平均出口竞争力弱。产业内贸易指数（IIT）均值为 0.68，表示中国谷物类农产品出口的差异化程度较高。

表 7.1　2002～2015 年中国谷物类农产品各变量的描述性统计值

变量	观测值	均值	标准差	最小值	最大值
IM_{ij}	168	0.2424	0.8055	-0.9181	6.5971
EM_{ij}	168	0.0991	0.3621	0.0000	4.0809
DM_{ij}	168	0.0782	0.1881	0.0000	0.9441
$AGDP_{ijt-1}$	168	0.1478	0.3490	0.0012	2.0329
$PPROAD_{ijt-1}$	168	17.9925	28.2949	0.5443	126.1379
DIS_{ij}	168	3238.2980	1116.7760	955.6511	5220.8790
$TARIFF_{ij}$	168	17.1603	33.7074	0.0000	153.9544
EF_{j}	168	57.8405	16.5949	0.0000	89.4000
MR_{j}	168	0.0004	0.0008	0.0000	0.0038
SPS_{j}	168	8.4762	11.7835	0.0000	56.0000
RCA_{ij}	168	0.5397	0.4796	0.0000	2.0418
IIT_{ij}	168	0.6773	0.2969	0.0004	1.0000
$CAFTA_{ijt}$	168	0.2976	0.4586	0.0000	1.0000
$CKFTA_{ijt}$	168	0.0060	0.0772	0.0000	1.0000

7.1.1.2　面板单位根检验

由表 7.2 可知，变量 EM_{ij}、$AGDP_{ijt-1}$、$PPROAD_{ijt-1}$、$TARIFF_{ij}$、MR_{j} 和 SPS_{j} 均不能拒绝“所有面板单位均为平稳过程”的原假设，表明该部分序列为非平稳性序列，不能直接用于面板协整分析。若对上述变量原序列进行一阶差分后再进行 LLC 检验、IPS 检验和 xtfisher-ADF 平稳性检验，除变量 EMij 外，所有变量差分后的序列在 1% 的显著性水平下均接受原假设。而一阶差分后的变量 EM_{ij} 经 IPS 检验和 xtfisher-ADF 检验后，亦为平稳序列。综合上述分析，单位根检验表明，一阶单整后的面板数据序列都是平稳的，可以进行协整分析。

表 7.2　　　中国谷物类农产品相关变量的单位根检验

变量	LLC-p 值	结果	IPS-p 值	结果	xtfisher-p 值	结果
IM_{ij}	0.0000	平稳	0.0000	平稳	0.0000	平稳
EM_{ij}	0.6992	不平稳	0.1820	不平稳	0.0000	平稳
DM_{ij}	0.0000	平稳	0.0000	平稳	0.0000	平稳
$AGDP_{ijt-1}$	0.2516	不平稳	1.0000	不平稳	0.0000	平稳
$PPROAD_{ijt-1}$	0.7463	不平稳	0.9500	不平稳	1.0000	不平稳
$TARIFF_{ij}$	0.8488	不平稳	0.8830	不平稳	0.6002	不平稳
EF_j	0.0092	平稳	0.8850	不平稳	0.9934	不平稳
MR_j	0.6429	不平稳	0.9410	不平稳	0.4153	不平稳
SPS_j	0.0122	不平稳	0.0760	不平稳	0.0028	平稳
RCA_{ij}	0.0000	平稳	0.0000	不平稳	0.3597	不平稳
IIT_{ij}	0.0000	平稳	0.0290	不平稳	0.4758	不平稳
D. IM_{ij}	0.0000	平稳	0.0000	平稳	0.0186	平稳
D. EM_{ij}	0.1709	不平稳	0.0000	平稳	0.0000	平稳
D. DM_{ij}	0.0000	平稳	0.0000	平稳	0.0000	平稳
D. $AGDP_{ijt-1}$	0.0000	平稳	0.0000	平稳	0.0000	平稳
D. $PPROAD_{ijt-1}$	0.0057	平稳	0.0000	平稳	0.0000	平稳
D. $TARIFF_{ij}$	0.0000	平稳	0.0000	平稳	0.0000	平稳
D. EF_j	0.0000	平稳	0.0000	平稳	0.0000	平稳
D. MR_j	0.0000	平稳	0.0000	平稳	0.0000	平稳
D. SPS_j	0.0000	平稳	0.0000	平稳	0.0000	平稳
D. RCA_{ij}	0.0000	平稳	0.0000	平稳	0.0000	平稳
D. IIT_{ij}	0.0000	平稳	0.0000	平稳	0.0000	平稳

7.1.1.3　面板协整分析

借鉴第 6 章的方法，同样选择 Kao 检验对数据进行协整检验，集约边际 Kao 检验的 P 值为 0.0019，扩展边际 Kao 检验的 P 值为 0.0083，退出边际 Kao 检验的 P 值为 0.0186，均小于 0.05。表明中国谷物类农产品对亚洲部分国家出口的集约边际、扩展边际和退出边际与经济规模、相对农业人口人均农业增加值、可变贸易成本（地理距离、关税和 SPS 措施）、固定贸易成本（贸易自由度指数）、多边阻力和显性比较优势指数等自变量均存在长期稳定的均衡关系，因而能够对其进行回归分析。

7.1.1.4 组间异方差、组内自相关和组间同期相关检验

我们进一步对谷物类农产品面板数据模型的组间异方差、组内自相关和组间同期相关进行检验。（1）集约边际相关检验。经检验而得，该模型组间异方差检验 P 值为 0.0000，则强烈拒绝同方差的原假设，认为模型存在组间异方差。组内自相关检验所得 P 值为 0.9192，则强烈接受不存在一阶组内自相关的假设，模型不存在一阶组内自相关。组间同期相关检验所得 P 值为 0.0294，则拒绝无同期相关的原假设，认为模型存在同期相关。（2）扩展边际相关检验。该模型组间异方差检验 P 值为 0.0000，则强烈拒绝同方差的原假设，认为存在组间异方差。组内自相关检验所得 P 值为 0.0014，则强烈拒绝不存在一阶组内自相关的假设，认为模型存在组内自相关。组间同期相关检验所得 P 值为 0.2137，则强烈接受无同期相关的原假设，认为模型不存在同期相关。（3）退出边际相关的检验。该模型组间异方差检验 P 值为 0.0000，则强烈拒绝同方差的原假设，认为存在组间异方差。组内自相关检验所得 P 值为 0.3827，则强烈接受不存在一阶组内自相关的假设，认为模型不存在组内自相关。组间同期相关检验所得 P 值为 0.0246，则拒绝无同期相关的原假设，认为模型存在同期相关。

7.1.2 基准回归结果

借鉴第 6 章的回归方法，对于谷物类农产品出口三元边际影响因素的实证分析，我们先进行的是基准回归，基准回归结果

见表7.3。

表7.3　　　　中国谷物类农产品基准回归结果

变量	集约边际		扩展边际		退出边际	
	Coef.	标准误P值	Coef.	标准误P值	Coef.	标准误P值
$AGDP_{ijt-1}$	-0.1369	0.0380 ***	0.0117	0.0105	-0.0287	0.0078 ***
$PPROAD_{ijt-1}$	-0.0008	0.0149	-0.0217	0.0059 ***	-0.0183	0.0032 ***
DIS_{ij}	-0.1075	0.0407 ***	-0.0581	0.0118 ***	-0.1366	0.0074 ***
Ef_j	—	—	-0.0091	0.0074	0.0023	0.0043
MR_j	5.4926	15.8169	-6.1590	2.2691 ***	-5.3499	1.6957 ***
$TARIFF_{ij}$	-0.0352	0.0166 **	-0.0262	0.0047 ***	-0.0444	0.0023 ***
SPS_j	-0.0150	0.0124	-0.0192	0.0034 ***	-0.0184	0.0018 ***
RCA_{ij}	0.2199	0.0606 ***	-0.0462	0.0077 ***	-0.0554	0.0089 ***
IIT_{ij}	-0.0334	0.0497	0.1210	0.0188 ***	0.0570	0.0093 ***
$CAFTA_{ijt}$	0.0546	0.0326 *	-0.0370	0.0088 ***	-0.0094	0.0038 **
$CKFTA_{ijt}$	-0.2805	0.0940 ***	0.0366	0.0066 ***	0.0025	0.0091
cons	1.0096	0.3795 ***	0.6326	0.1115 ***	1.2963	0.0641 ***

注：*** 、** 和 * 分别表示在1%、5%和10%的显著性水平下通过检验。“—”表示对应变量（Ef_i）未引入集约边际计量方程进行回归分析。

关于谷物类农产品出口集约边际影响因素的决定：（1）一国人均GDP乘积和集约边际显著负相关。人均GDP乘积每增加1%，会导致集约边际减少0.14%。（2）相对农业人口人均农业增加值对集约边际的影响不显著。（3）地理距离对出口集约边际的影响显著为负，即地理距离每增加1%，会导致集约边际下降0.11%。（4）多边阻力对集约边际的影响不显著。（5）关税水平对集约边际的影响为负，关税水平每增加1%，中国谷物类农产品出口集约边际就下降0.04%。（6）SPS通报数对集约边际的影响不显著。（7）RCA指数的估计系数显著为正，RCA数值每增加1%，会导致集约边际增加0.22%。（8）IIT对集约边际的影响不显著。（9）$CAFTA_{ijt}$对中国农产品出口亚洲部分国家的集约边际具有正面影响，但影响较小，中国—东盟自由贸易区的建立带动集约边际上升0.05%。$CKFTA_{ijt}$对中国农产品出口亚洲部分国家集约边际的影响显著为负，该现象可能和消费者对其他种类农产品的喜好增加有关。

关于谷物类农产品出口扩展边际影响因素的决定：

（1）一国人均 GDP 乘积对扩展边际的影响不显著。

（2）相对农业人口人均农业增加值对扩展边际的影响显著为负，相对农业人口人均农业增加值每增加 1%，扩展边际就下降 0.02%。

（3）地理距离对出口扩展边际的影响显著为负。即地理距离每增加 1%，扩展边际就下降 0.06%。

（4）经济自由度对出口扩展边际的影响不显著。

（5）多边阻力对扩展边际的影响显著为负，即多边阻力每增加 1%，扩展边际下降 6.16%。

（6）税收对扩展边际的影响显著为负，税收每上升 1%，扩展边际下降 0.03%。

（7）SPS 通报数对扩展边际的影响显著为负，即 SPS 通报数量每增加 1%，扩展边际下降 0.02%。

（8）RCA 指数对扩展边际的影响显著为负，RCA 指数每上升 1%，扩展边际下降 0.05%。

（9）IIT 指数对扩展边际的影响显著为正，IIT 指数每上升 1%，扩展边际提升 0.12%。

（10）$CAFTA_{ijt}$对中国农产品对亚洲部分国家出口扩展边际的影响显著为负，该现象可能和消费者对其他种类农产品的喜好增加有关。$CKFTA_{ijt}$对中国农产品出口亚洲部分国家的扩展边际影响显著为正，中韩自由贸易区的建立带动谷物类农产品出口扩展边际提升 0.04%。

关于谷物类农产品出口退出边际影响因素的决定：

（1）一国人均 GDP 乘积对退出边际的影响显著为负，即人均 GDP 乘积每增加 1%，退出边际下降 0.03%。

（2）相对农业人口人均农业增加值对退出边际的影响显著为负，相对农业人口人均农业增加值每增加 1%，退出边际就下降 0.02%。

（3）地理距离对出口退出边际的影响显著为负，即地理距离每增加 1%，中国谷物类农产品对亚洲部分国家出口的退出边际就下降 0.14%。

（4）经济自由度对出口退出边际的影响不显著。

（5）多边阻力对退出边际的影响显著为负，即多边阻力每加大 1%，退出边际减少 5.35%。

（6）税收对退出边际的影响显著为负，税收每增加 1%，退出边际减少 0.04%。

（7）SPS 通报数对退出边际的影响显著为负，即 SPS 通报数每增加 1%，退出边际减少 0.02%。

（8）RCA 指数对退出边际的影响显著为负，RCA 指数每下降 1%，退出边际下降 0.06%。

（9）IIT 指数对退出边际的影响显著为正，IIT 指数每上升 1%，退出边际提升 0.06%。

（10）$CAFTA_{ijt}$对中国农产品对亚洲部分国家出口退出边际的影响显著为负，该现象可能和消费者购买其他种类农产品的规模增加有关，$CKFTA_{ijt}$对中国谷物类农产品出口亚洲部分国家退出边际的影响不显著。

7.1.3　稳健性检验

借鉴第 6 章内生性检验的方法，我们考察核心变量的内生性问题。对谷物类产品集约边际的内生性检验，详见表 7.4，主要利用滞后二期的变量作为工具变量进行实证分析。其中，$CKFTA_{ijt}$的回归结果被删除，主要是由于在滞后二期后该变量产生了奇异矩阵。从表7.4的检验结果来看，核心变量的估计参数大小、显著性水平和符号与基准回归结果一致，因此考虑内生性后本书的结果依然是稳健显著的。由于常数项的经济意义不强，因此，我们便不在这里阐述了。

表7.4　中国谷物类农产品集约边际下以滞后变量为工具变量的检验

变量	Ⅰ	Ⅱ	Ⅲ	Ⅳ	Ⅴ
$AGDP_{ijt-1}$	-0.0975*** (0.0353)	-0.1006*** (0.0366)	-0.1021*** (0.0343)	-0.1021*** (0.0360)	-0.1061*** (0.0364)
$PPROAD_{ijt-1}$	0.0011 (0.0151)	0.0027 (0.0149)	0.0006 (0.0145)	0.0010 (0.0151)	0.0005 (0.0149)
DIS_{ij}	-0.0870** (0.0396)	-0.0760** (0.0294)	-0.1271*** (0.0404)	-0.1467*** (0.0392)	-0.0782*** (0.0179)
MR_j	5.6233 (11.8876)	6.3307 (11.8445)	5.3218 (11.9627)	5.5607 (12.2692)	4.5799 (11.8041)
$TARIFF_{ij}$	-0.0394** (0.0150)	-0.0413** (0.0149)	-0.0322** (0.0154)	-0.0386** (0.0146)	-0.0301** (0.0147)
SPS_j	-0.0161 (0.0117)	-0.0164 (0.0115)	-0.0182 (0.0118)	-0.0151 (0.0115)	-0.0016 (0.0115)
RCA_{ij}	0.2733*** (0.0571)	0.2736*** (0.0567)	0.2556*** (0.0547)	0.2741*** (0.0560)	0.2886*** (0.0573)
IIT_{ij}	-0.0363 (0.0404)	-0.0423 (0.0399)	-0.0344 (0.0440)	-0.0430 (0.0395)	-0.0342 (0.0413)
$CAFTA_{ijt}$	0.0463* (0.0270)	0.0470* (0.0269)	0.0524** (0.0257)	0.0467* (0.0265)	0.0569** (0.0280)
$CKFTA_{ijt}$	—	—	—	—	—
cons	0.4446 (0.3667)	0.4355 (0.3658)	0.2624 (0.3611)	0.4360 (0.3614)	0.1464 (0.3477)

注：括号内为回归系数的标准误，***、** 和 * 分别表示在1%、5%和10%的显著性水平下通过检验。“—”表示由于滞后二期的$CKFTA_{ijt}$变量在回归结果中产生了奇异矩阵，因此，该变量被删除。

对谷物类产品扩展边际的内生性检验，见表7.5，同样利用滞后二期的变量作为工具变量进行实证分析，其中，$CKFTA_{ijt}$的回归结果被删除，主要是由于在滞后二期后该变量产生了奇异矩阵。从表 7.5 的检验结果来看，核心变量的估计参数大小、显著性水平和符号与基准回归结果基本一致，因此考虑内生性后本书的结果依然是稳健显著的。由于常数项的经济意义不强，因此，我们便不在这里阐述了。

表 7.5　中国谷物类农产品扩展边际下以滞后变量为工具变量的检验

变量	Ⅰ	Ⅱ	Ⅲ	Ⅳ	Ⅴ	Ⅵ
$AGDP_{ijt-1}$	0.0087 (0.0091)	0.0127 (0.0102)	0.0256 *** (0.0088)	0.0167 (0.0102)	0.0120 (0.0101)	0.0231 ** (0.0092)
$PPROAD_{ijt-1}$	-0.0269 *** (0.0060)	-0.0273 *** (0.0064)	-0.0417 *** (0.0055)	-0.0290 *** (0.0060)	-0.0288 *** (0.0060)	-0.0336 *** (0.0054)
DIS_{ij}	-0.0741 *** (0.0128)	-0.0750 *** (0.0124)	-0.0971 *** (0.0093)	-0.0712 *** (0.0127)	-0.0764 *** (0.0126)	-0.0946 *** (0.0109)
Ef_{j}	-0.0089 (0.0069)	-0.0099 (0.0066)	-0.0002 (0.0071)	-0.0151 (0.0077)	-0.0082 (0.0069)	0.0087 (0.0057)
MR_{j}	-6.8309 *** (2.3042)	-8.0568 *** (2.2650)	-5.6104 *** (1.7657)	-7.5751 ** (2.4486)	-5.1707 ** (2.4649)	-6.2268 *** (1.3859)
$TARIFF_{ij}$	-0.0311 *** (0.0054)	-0.0322 *** (0.0051)	-0.0409 *** (0.0043)	-0.0298 *** (0.0054)	-0.0317 *** (0.0054)	-0.0347 *** (0.0046)
SPS_{j}	-0.0213 *** (0.0038)	-0.0208 *** (0.0037)	-0.0307 *** (0.0020)	-0.0204 *** (0.0039)	-0.0218 *** (0.0038)	-0.0350 *** (0.0025)
RCA_{ij}	-0.0418 *** (0.0077)	-0.0396 *** (0.0082)	-0.0399 ** (0.0146)	-0.0348 *** (0.0080)	-0.0391 *** (0.0076)	-0.0391 *** (0.0077)
IIT_{ij}	0.1312 *** (0.0235)	0.1357 *** (0.0223)	0.1838 *** (0.0173)	0.1197 *** (0.0235)	0.1300 *** (0.0231)	0.1956 *** (0.0137)
$CAFTA_{ijt}$	-0.0319 *** (0.0088)	-0.0301 *** (0.0086)	-0.0350 *** (0.0099)	-0.0328 *** (0.0090)	-0.0324 *** (0.0088)	-0.0221 ** (0.0091)
$CKFTA_{ijt}$	—	—	—	—	—	—
cons	0.7767 *** (0.1181)	0.7860 *** (0.1130)	0.9663 *** (0.0863)	0.7766 *** (0.1177)	0.7959 *** (0.1164)	0.8992 *** (0.1051)

注：括号内为回归系数的标准误，*** 、** 和 * 分别表示在 1% 、5% 和 10% 的显著性水平下通过检验。“—”表示由于滞后二期的 $CKFTA_{ijt}$ 变量在回归结果中产生奇异矩阵，回此，该变量被删除。

对谷物类产品退出边际的内生性检验，详见表7.6，仍利用滞后二期的变量作为工具变量进行实证分析。其中，$CKFTA_{ijt}$的回归结果被删除，主要是由于在滞后二期后该变量产生了奇异矩阵。从表7.6的检验结果来看，核心变量除了经济自由度以外，其余的估计参数大小、显著性水平和符号与基准回归结果基本一致，因此，考虑内生性后本书的基准回归结果依然是稳健显著的。由于常数项的经济意义不强，因此我们便不在这里阐述了。

表7.6　中国谷物类农产品退出边际下以滞后变量为工具变量的检验

变量	Ⅰ	Ⅱ	Ⅲ	Ⅳ	Ⅴ	Ⅵ
$AGDP_{ijt-1}$	-0.1923*** (0.0309)	-0.2393*** (0.0321)	-0.1854*** (0.0290)	-0.2249*** (0.0340)	-0.2132*** (0.0359)	-0.2011*** (0.0323)
$PPROAD_{ijt-1}$	-0.0187** (0.0095)	-0.0149* (0.0091)	-0.0192** (0.0089)	-0.0212** (0.0091)	-0.0219** (0.0101)	-0.0159* (0.0095)
DIS_{ij}	-0.1213*** (0.0189)	-0.1265*** (0.0175)	-0.1205*** (0.0157)	-0.2134*** (0.0174)	-0.1069*** (0.0191)	-0.1243*** (0.0182)
Ef_j	0.0359 (0.0274)	0.0386 (0.0268)	0.0344 (0.0347)	0.0380 (0.0238)	0.0347 (0.0373)	0.0344 (0.0271)
MR_j	-6.1211*** (1.4482)	-5.4523*** (1.0604)	-5.6695*** (1.4948)	-4.3017*** (1.0975)	-3.7367*** (1.0096)	-4.8633*** (1.3386)
$TARIFF_{ij}$	-0.0400*** (0.0038)	-0.0406*** (0.0035)	-0.0351*** (0.0023)	-0.0429*** (0.0030)	-0.0319*** (0.0038)	-0.0461*** (0.0047)
SPS_j	-0.0142*** (0.0031)	-0.0147*** (0.0027)	-0.0220*** (0.0029)	-0.0180*** (0.0022)	-0.0164*** (0.0032)	-0.0175*** (0.0032)
RCA_{ij}	-0.0337** (0.0166)	-0.0324** (0.0151)	-0.0302** (0.0126)	-0.0259** (0.0122)	-0.0276* (0.0163)	-0.0278* (0.0147)
IIT_{ij}	0.0519*** (0.0151)	0.0549*** (0.0138)	0.0578*** (0.0105)	0.0618*** (0.0125)	0.0504*** (0.0154)	0.0524*** (0.0173)
$CAFTA_{ijt}$	0.0076 (0.0071)	0.0091 (0.0063)	0.0183*** (0.0052)	0.0107** (0.0042)	0.0098 (0.0065)	0.0093 (0.0081)
$CKFTA_{ijt}$	—	—	—	—	—	—
cons	0.0153 (0.1542)	-0.0393 (0.1428)	-0.3658 (0.1218)	-0.1284 (0.1449)	-0.0894 (0.1546)	0.0268 (0.1485)

注：括号内为回归系数的标准误，***、**和*分别表示在1%、5%和10%的显著性水平下通过检验。“—”表示由于滞后二期的$CKFTA_{ijt}$变量在回归结果中产生了奇异矩阵，因此，该变量被删除。

谷物类农产品、园艺类农产品、畜类农产品和水产类农产品回归结果稳健性分析方法和第 6 章所有农产品出口三元边际回归结果稳健性检验方法一致。如表 7.7 所示，关于谷物类农产品方程的稳健性检验：首先，就集约边际影响因素的回归方程集约边际 A 和集约边际 B 对比分析可知，经济规模、距离、RCA 指数和中国—东盟自由贸易区的建立对集约边际的影响均显著。且除经济规模外，距离、RCA 指数和中国—东盟自由贸易区的建立在集约边际 A 中的符号和集约边际 B 中的系数符号均一致，说明回归方程结果较为稳健。其次，就扩展边际影响因素的回归方程扩展边际 A 和扩展边际 B 对比分析可知，相对农业人口人均农业增加值、距离、关税水平、SPS 通报数、RCA 指数、IIT 指数、中国—东盟自由贸易区的建立和中韩自由贸易区的建立对扩展边际的影响均显著，且系数符号均一致，说明回归方程结果相当稳健。再次，就退出边际影响因素的回归方程退出边际 A 和退出边际 B 对比分析可知，经济规模、相对农业人口人均农业增加值、距离、关税水平、SPS 通报数、RCA 指数和 IIT 指数对退出边际的影响均显著。除经济规模外，相对农业人口人均农业增加值、距离、关税水平、SPS 通报数、RCA 指数和 IIT 指数在退出边际 A 和退出边际 B 中系数符号均一致，表明退出边际回归方程结果较为稳健。综合而言，我们认为，表 7.3 中的回归结果是稳健的。

表 7.7　　中国谷物类农产品回归结果稳健性分析

变量	集约边际 A	集约边际 B	扩展边际 A	扩展边际 B	退出边际 A	退出边际 B
	Coef.	Coef.	Coef.	Coef.	Coef.	Coef.
$AGDP_{ijt-1}$/	-0.1369	0.1268	0.0117	0.0246	-0.0287	0.0450
$LAGDP_{ijt-1}$	(0.000)	(0.000)	(0.266)	(0.000)	(0.000)	(0.000)
$PPROAD_{ijt-1}$	-0.0008	-0.0970	-0.0217	-0.0345	-0.0183	-0.0445
	(0.957)	(0.000)	(0.000)	(0.000)	(0.000)	(0.000)
DIS_{ij}	-0.1075	-0.1039	-0.0581	-0.0774	-0.1366	-0.1325
	(0.008)	(0.015)	(0.000)	(0.000)	(0.000)	(0.000)

续表

变量	集约边际 A Coef.	集约边际 B Coef.	扩展边际 A Coef.	扩展边际 B Coef.	退出边际 A Coef.	退出边际 B Coef.
Ef_j	—	—	-0.0091	-0.0059	0.0023	0.0033
	—	—	(0.217)	(0.406)	(0.598)	(0.462)
MR_j	5.4926	16.3617	-6.1590	-4.1496	-5.3499	-3.1999
	(0.691)	(0.258)	(0.007)	(0.127)	(0.002)	(0.242)
$TARIFF_{ij}$	-0.0352	-0.0263	-0.0262	-0.0307	-0.0444	-0.0391
	(0.034)	(0.138)	(0.000)	(0.000)	(0.000)	(0.000)
SPS_j	-0.0150	-0.0268	-0.0192	-0.0207	-0.0184	-0.0203
	(0.228)	(0.045)	(0.000)	(0.000)	(0.000)	(0.000)
RCA_{ij}	0.2199	0.1603	-0.0462	-0.0643	-0.0554	-0.0674
	(0.000)	(0.022)	(0.000)	(0.000)	(0.000)	(0.000)
IIT_{ij}	-0.0334	-0.0650	0.1210	0.1158	0.0570	0.0414
	(0.501)	(0.264)	(0.000)	(0.000)	(0.000)	(0.001)
$CAFTA_{ijt}$	0.0546	0.0571	-0.0370	-0.0336	-0.0094	-0.0040
	(0.094)	(0.105)	(0.000)	(0.001)	(0.013)	(0.179)
$CKFTA_{ijt}$	-0.2805	-0.2926	0.0366	0.0387	0.0025	0.0086
	(0.003)	(0.003)	(0.000)	(0.000)	(0.776)	(0.621)
cons	1.0096	1.0101	0.6326	0.7939	1.2963	1.2470
	(0.008)	(0.011)	(0.000)	(0.000)	(0.000)	(0.000)

注：括号内的数值为 P 值。“—”表示对应变量（Ef_i）未引入集约边际计量方程进行回归分析。

7.2 中国园艺类农产品出口三元边际影响因素的分析

7.2.1 实证分析

7.2.1.1 样本数据描述性统计

表 7.8 列举了中国园艺类农产品对亚洲部分国家出口相关变量的描述性统计情况。在 14 年间，园艺类农产品出口亚洲部分

国家的集约边际最大值为2.03，最小值为-0.45；扩展边际的最大值为1.66，最小值为0.00；退出边际的最大值为0.77，最小值为0.00，变化幅度最大的是集约边际值。园艺类农产品出口遭遇的关税的最小值为0.00，最大值为76.68，标准差为33.71，均值为19.82。显示性比较优势指数RCA均值为2.18，表明中国园艺类农产品的平均出口竞争力很强。产业内贸易指数IIT均值为0.62，表示中国谷物类农产品的出口平均差异化程度较高。

表7.8　2002~2015年中国园艺类农产品各变量的描述性统计值

变量	观测值	均值	标准差	最小值	最大值
IM_{ij}	168	0.2249	0.3809	-0.4475	2.0268
EM_{ij}	168	0.0392	0.1496	0.0000	1.6607
DM_{ij}	168	0.0280	0.0840	0.0000	0.7716
$AGDP_{ijt-1}$	168	0.1478	0.3490	0.0012	2.0329
$PPROAD_{ijt-1}$	168	17.9925	28.2949	0.5443	126.1379
DIS_{ij}	168	3238.2980	1116.7760	955.6511	5220.8790
$TARIFF_{ij}$	168	14.9595	19.8234	0.0000	76.6792
EF_j	168	57.8405	16.5949	0.0000	89.4000
MR_j	168	0.0004	0.0008	0.0000	0.0038
SPS_j	168	8.4762	11.7835	0.0000	56.0000
RCA_{ij}	168	2.1809	1.3590	0.0000	5.4521
IIT_{ij}	168	0.6227	0.3167	0.0288	1.0000
$CAFTA_{ijt}$	168	0.2976	0.4586	0.0000	1.0000
$CKFTA_{ijt}$	168	0.0060	0.0772	0.0000	1.0000

7.2.1.2　面板单位根检验

由表7.9可知，变量DM_{ij}、$AGDP_{ijt-1}$、$PPROAD_{ijt-1}$、$TARIFF_{ij}$、MR_j、SPS_j、RCA_{ij}和IIT_{ij}均不能拒绝“所有面板单位均为平稳过程”的原假设，表明该部分序列为非平稳性序列，不能直

接用于面板协整分析。若对上述变量原序列进行一阶差分后再进行 LLC 检验、IPS 检验和 xtfisher-ADF 平稳性检验，单位根检验表明一阶单整后的面板数据序列都是平稳的，可以进行协整分析。

表 7.9　　中国园艺类农产品相关变量的单位根检验

变量	LLC-p 值	结果	IPS-p 值	结果	xtfisher-p 值	结果
IM_{ij}	0.0000	平稳	0.0000	平稳	0.0000	平稳
EM_{ij}	0.0055	平稳	0.0000	平稳	0.0000	平稳
DM_{ij}	1.0000	不平稳	0.8970	不平稳	0.0000	平稳
$AGDP_{ijt-1}$	0.2516	不平稳	1.0000	不平稳	0.0000	平稳
$PPROAD_{ijt-1}$	0.7463	不平稳	0.9500	不平稳	1.0000	不平稳
$TARIFF_{ij}$	0.8488	不平稳	0.8830	不平稳	0.6002	不平稳
EF_j	0.0092	平稳	0.8850	不平稳	0.9934	不平稳
MR_j	0.6429	不平稳	0.9410	不平稳	0.4153	不平稳
SPS_j	0.0122	不平稳	0.0760	不平稳	0.0028	平稳
RCA_{ij}	0.0111	不平稳	0.0160	不平稳	0.0018	平稳
IIT_{ij}	0.0153	不平稳	0.4870	不平稳	0.2533	不平稳
D. IM_{ij}	0.0000	平稳	0.0000	平稳	0.0186	平稳
D. EM_{ij}	0.0000	平稳	0.0000	平稳	0.0000	平稳
D. DM_{ij}	0.0000	平稳	0.0656	平稳	0.0000	平稳
D. $AGDP_{ijt-1}$	0.0000	平稳	0.0000	平稳	0.0000	平稳
D. $PPROAD_{ijt-1}$	0.0057	平稳	0.0000	平稳	0.0000	平稳
D. $TARIFF_{ij}$	0.0000	平稳	0.0000	平稳	0.0000	平稳
D. EF_j	0.0000	平稳	0.0000	平稳	0.0000	平稳
D. MR_j	0.0000	平稳	0.0000	平稳	0.0000	平稳
D. SPS_j	0.0000	平稳	0.0000	平稳	0.0000	平稳
D. RCA_{ij}	0.0000	平稳	0.0000	平稳	0.0000	平稳
D. IIT_{ij}	0.0019	平稳	0.0010	平稳	0.0000	平稳

7.2.1.3　面板协整分析

借鉴第 6 章的方法，我们同样选择 Kao 检验对数据进行协整检验，集约边际 Kao 检验的 P 值为 0.0013，扩展边际 Kao 检验的 P 值为 0.0110，退出边际 Kao 检验的 P 值为 0.0048，均小于

0.05。这表明，中国园艺类农产品出口亚洲部分国家的集约边际、扩展边际和退出边际均和经济规模、相对农业人口人均农业增加值、可变贸易成本（地理距离、关税和SPS措施）、固定贸易成本（贸易自由度指数）、多边阻力和显示性比较优势指数等自变量存在长期稳定的均衡关系，因而能够对其进行回归分析。

7.2.1.4 组间异方差、组内自相关和组间同期相关检验

我们进一步对面板数据模型的组间异方差、组内自相关和组间同期相关进行检验。

（1）集约边际相关检验。经检验所得，该模型组间异方差检验P值为0.0000，则强烈拒绝同方差的原假设，认为模型存在组间异方差。组内自相关检验所得P值为0.7910，则强烈接受不存在一阶组内自相关的假设，模型不存在一阶组内自相关。组间同期相关检验所得P值为0.0532，则接受无同期相关的原假设，认为模型不存在同期相关。

（2）扩展边际相关检验。该模型组间异方差检验P值为0.0000，则强烈拒绝同方差的原假设，认为模型存在组间异方差。组内自相关检验所得P值为0.8789，则强烈接受不存在一阶组内自相关的假设，认为模型不存在组内自相关。组间同期相关检验所得P值为0.0019，则强烈拒绝无同期相关的原假设，认为模型存在同期相关。

（3）退出边际相关的检验。该数据组间异方差检验P值为0.0000，则均强烈拒绝同方差的原假设，认为模型存在组间异方差。组内自相关检验所得P值为0.4854，则强烈接受不存在一阶组内自相关的假设，认为模型不存在组内自相关。组间同期相关检验所得P值为0.0009，则强烈拒绝无同期相关的原假设，认为模型存在同期相关。

7.2.2 基准回归结果

借鉴第6章的回归方法，对于园艺类农产品出口三元边际影响因素的实证分析，我们先进行的是基准回归，基准回归结果详见表7.10。

表7.10　　中国园艺类农产品基准回归结果

变量	集约边际		扩展边际		退出边际	
	Coef.	标准误P值	Coef.	标准误P值	Coef.	标准误P值
$AGDP_{ijt-1}$	-0.0516	0.0385	0.0175	0.0053***	0.0105	0.0045**
$PPROAD_{ijt-1}$	-0.0067	0.0152	-0.0111	0.0032***	-0.0174	0.0023***
DIS_{ij}	-0.0001	0.0272	-0.0261	0.0049***	-0.0316	0.0037***
Ef_j	—	—	-0.0084	0.0057	0.0009	0.0029
MR_j	0.2498	9.4481	-13.2385	2.4660***	-7.1167	1.2347***
$TARIFF_{ij}$	0.0150	0.0105	-0.0041	0.0019**	-0.0146	0.0011***
SPS_j	-0.0230	0.0070***	-0.0035	0.0010***	0.0017	0.0007**
RCA_{ij}	0.0629	0.0316**	-0.0164	0.0066**	-0.0502	0.0044***
IIT_{ij}	-0.0961	0.0603	0.0823	0.0099***	0.0393	0.0069***
$CAFTA_{ijt}$	-0.0978	0.0251***	0.0046	0.0054	0.0141	0.0022**
$CKFTA_{ijt}$	-1.1216	0.0355***	0.0524	0.06268*	-0.0108	0.0394
cons	0.2003	0.2212	0.2767	0.0428***	0.3625	0.0304***

注：***、**和*分别表示FGLS回归P值在1%、5%和10%的显著性水平下通过检验。“—”表示对应变量（Ef_j）未引入集约边际计量方程进行回归分析。

关于园艺类农产品出口集约边际影响因素的决定：（1）人均GDP乘积对集约边际的影响不显著。（2）相对农业人口人均农业增加值对集约边际的影响不显著。（3）地理距离对集约边际的影响不显著。（4）多边阻力对集约边际的影响不显著。（5）关税水平对集约边际的影响不显著。（6）SPS通报数对集约边际的影响显著为负，SPS通报数每增加1%，导致集约边际下降0.02%。（7）RCA指数的估计系数显著为正，RCA数值每增加1%，会导致集约边际增加0.06%。（8）IIT对集约边际的影响不显著。（9）$CAFTA_{ijt}$和$CKFTA_{ijt}$对中国农产品对亚洲部分国家出口的集约边际均有负面影响，说明中国—东盟自由贸易区和中韩自由贸易区的成立，并未导致中国既有出口的园艺类农产品种类对亚洲部分国家出口规模有所增加。

关于园艺类农产品出口扩展边际影响因素的决定：（1）一国人均GDP乘积对扩展边际的影响显著为正，即人均GDP乘积每增长1%，扩展边际增长0.02%。（2）相对农业人口人均农业增加值对扩展边际的影响显著为负，相对农业人口人均农业增加值每增长1%，扩展边际就下降0.01%。（3）地理距离对出口扩展边际的影响显著为负，即地理距离每增加1%，出口扩展边际就下降0.03%。（4）经济自由度对出口扩展边际的影响不显著。（5）多边阻力对扩展边际的影响显著为负，即多边阻力每增长1%，扩展边际减少13.24%。（6）税收对扩展边际的影响显著为负，税收每上升1%，扩展边际下降0.004%。（7）SPS通报数对扩展边际的影响显著为负，即SPS通报数每增加1%，扩展边际减少0.004%。（8）RCA指数对扩展边际的影响显著为负，RCA指数每增加1%，扩展边际下降0.02%。（9）IIT指数对扩展边际的影响显著为正，IIT指数每上升1%，扩展边际提升0.08%。（10）$CAFTA_{ijt}$对中国园艺类农产品出口亚洲部分国家扩展边际的影响不显著。$CKFTA_{ijt}$对中国农产品出口亚洲部分国家的扩展边际影响显著为正，中韩自由贸易区的建立带动扩展边际上升了0.05%。

关于园艺类农产品出口退出边际影响因素的决定：（1）一国人均GDP乘积对退出边际的影响为正，即人均GDP乘积每增加1%，退出边际增加0.01%。（2）相对农业人口人均农业增加值对退出边际的影响显著为负，相对农业人口人均农业增加值每增加1%，退出边际就下降0.02%。（3）地理距离对出口退出边际的影响显著为负，即地理距离每增加1%，中国园艺类农产品对亚洲部分国家出口退出边际就下降0.03%。（4）经济自由度对出口退出边际的影响不显著。（5）多边阻力对退出边际的影响显著为负，即多边阻力每增加1%，退出边际减少7.12%。（6）税收对退出边际的影响显著为负，税收每上升1%，退出边际下降0.01%。（7）SPS通报数对退出边际的影响显著为正，即SPS通报数每增加1%，退出边际增加0.02%。（8）RCA指数对退出边际的影响显著为负，RCA指数每上升1%，退出边际下降0.05%。（9）IIT指数对退出边际的影响显著为正，IIT指数每上升1%，退出边际提升0.04%。（10）$CAFTA_{ijt}$对中国农产品出口亚洲部分国家退出边际的影响显著为正，中国—东盟自由贸易区的建立使退出边际下降了0.01%。$CKFTA_{ijt}$对中国农产品出口亚洲部分国家退出边际的影响不显著。

7.2.3 稳健性检验

对中国园艺类产品集约边际的内生性检验，详见表7.11，主要利用滞后二期的变量作为工具变量进行实证分析。其中，$CKFTA_{ijt}$的回归结果被删除，主要是由于在滞后二期后该变量产生了奇异矩阵。从表7.11的检验结果来看，核心变量除了多边阻力以外，其余变量的估计参数大小、显著性水平和符号与基准回归结果一致，因此，考虑内生性后本书的结果依然是稳健显著的。由于常数项的经济意义不强，我们便不在这里阐述了。具体来看，多边阻力的回归系数大小变化不大，但是，回归系数的符号发生了明显变化，由正变为了负。多边阻力是衡量一个国家与其他所有国家之间贸易成本对双边贸易流量的影响。也就是说，中国某个贸易伙伴与全球其他贸易伙伴的贸易成本的增加，并不能促进中国对亚洲部分国家农产品集约边际的出口。

表7.11　中国园艺类农产品集约边际下以滞后变量为工具变量的检验

变量	Ⅰ	Ⅱ	Ⅲ	Ⅳ	Ⅴ
$AGDP_{ijt-1}$	-0.0478 (0.0386)	-0.0522 (0.0394)	-0.0661 (0.0426)	-0.0682 (0.0419)	-0.0547 (0.0442)
$PPROAD_{ijt-1}$	-0.0068 (0.0150)	-0.0036 (0.0140)	-0.0050 (0.0160)	-0.0057 (0.0152)	-0.0059 (0.0175)
DIS_{ij}	-0.0008 (0.0292)	-0.0067 (0.0284)	-0.0024 (0.0252)	-0.0014 (0.0289)	-0.0004 (0.0315)
MR_j	-0.2774 (9.3459)	-0.2876 (9.6125)	-0.4313 (9.6549)	-0.3167 (9.2588)	-0.2057 (9.2058)
$TARIFF_{ij}$	0.0231** (0.0115)	0.0265** (0.0144)	0.0147 (0.0108)	0.0229** (0.0113)	0.0202** (0.0104)
SPS_j	-0.0261*** (0.0067)	-0.0151** (0.0065)	-0.0294*** (0.0068)	-0.0155** (0.0068)	-0.0192** (0.0073)
RCA_{ij}	0.0648* (0.0331)	0.0530** (0.0225)	0.0556* (0.0314)	0.0650** (0.0328)	0.0619** (0.0310)
IIT_{ij}	-0.1332** (0.0614)	-0.1623*** (0.0550)	-0.1136* (0.0601)	-0.1754** (0.0620)	-0.1405** (0.0668)
$CAFTA_{ijt}$	-0.1054*** (0.0267)	-0.1013*** (0.0272)	-0.1095*** (0.0261)	-0.1027*** (0.0267)	-0.1012*** (0.0269)
$CKFTA_{ijt}$	—	—	—	—	—
cons	-0.0463 (0.2390)	-0.0971 (0.2349)	0.2185 (0.2195)	-0.0476 (0.2358)	0.0543 (0.2625)

注：括号内为回归系数的标准误，***、**和*分别表示在1%、5%和10%的显著性水平下通过检验。“—”表示由于滞后二期的 $CKFTA_{ijt}$ 变量在回归结果中产生了奇异矩阵，因此，该变量被删除。

对中国园艺类产品扩展边际的内生性检验，详见表7.12，主要利用滞后二期的变量作为工具变量进行实证分析，其中，$CKFTA_{ijt}$ 的回归结果被删除，主要是由于在滞后二期后该变量产生了奇异矩阵。从表7.12的检验结果来看，核心变量的估计参数大小、显著性水平和符号与基准回归结果一致，因此考虑内生性后本书的结果依然是稳健显著的。由于常数项的经济意义不强，我们便不在这里阐述了。

表 7.12 中国园艺类农产品扩展边际下以滞后变量为工具变量的检验

变量	Ⅰ	Ⅱ	Ⅲ	Ⅳ	Ⅴ	Ⅵ
$AGDP_{ijt-1}$	0.0159** (0.0061)	0.0121** (0.0062)	0.0122** (0.0052)	0.0147** (0.0063)	0.0225*** (0.0070)	0.0127** (0.0060)
$PPROAD_{ijt-1}$	-0.0195*** (0.0031)	-0.0196*** (0.0030)	-0.0200*** (0.0030)	-0.0197*** (0.0031)	-0.0177*** (0.0033)	-0.0173*** (0.0030)
DIS_{ij}	-0.0290*** (0.0049)	-0.0295*** (0.0045)	-0.0188*** (0.0058)	-0.0279*** (0.0050)	-0.0201*** (0.0052)	-0.0240*** (0.0045)
Ef_j	-0.0103*** (0.0020)	-0.0100*** (0.0019)	-0.0099*** (0.0019)	-0.0134*** (0.0020)	-0.0097*** (0.0020)	-0.0098*** (0.0021)
MR_j	-11.0253*** (2.3042)	-10.8298*** (2.2678)	-10.9506*** (2.0560)	-10.5209*** (2.3465)	-12.6312*** (2.2743)	-11.8828*** (2.3223)
$TARIFF_{ij}$	-0.0045*** (0.0016)	-0.0052*** (0.0014)	-0.0086*** (0.0016)	-0.0043*** (0.0015)	-0.0042*** (0.0016)	-0.0050*** (0.0015)
SPS_j	-0.0029*** (0.0009)	-0.0031*** (0.0009)	-0.0036*** (0.0010)	-0.0033*** (0.0009)	-0.0034*** (0.0010)	-0.0031*** (0.0008)
RCA_{ij}	-0.0159** (0.0067)	-0.0191*** (0.0063)	-0.0126** (0.0065)	-0.0179*** (0.0063)	-0.0172** (0.0067)	-0.0226*** (0.0060)
IIT_{ij}	0.0890*** (0.0089)	0.0917*** (0.0083)	0.0984*** (0.0089)	0.0907*** (0.0089)	0.0964*** (0.0088)	0.0857*** (0.0086)
$CAFTA_{ijt}$	0.0055 (0.0077)	0.0056 (0.0083)	0.0073 (0.0081)	0.0055 (0.0076)	0.0058 (0.0079)	0.0064 (0.0078)
$CKFTA_{ijt}$	—	—	—	—	—	—
cons	0.2083*** (0.0380)	0.2159*** (0.0353)	0.2865*** (0.0430)	0.2128*** (0.0394)	0.2126*** (0.0400)	0.2410*** (0.0338)

注：括号内为回归系数的标准误，***、** 和 * 分别表示在 1%、5% 和 10% 的显著性水平下通过检验。“—”表示由于滞后二期的 $CKFTA_{ijt}$ 变量在回归结果中产生了奇异矩阵，因此，该变量被删除。

对中国园艺类产品退出边际的内生性检验，详见表 7.13，主要利用滞后二期的变量作为工具变量进行实证分析，其中，$CKFTA_{ijt}$ 的回归结果被删除，主要是由于在滞后二期后该变量产生了奇异矩阵。从表7.13的检验结果来看，核心变量除了SPS以外，其余的估计参数大小、显著性水平和符号与基准回归结果一致，因此，考虑内生性后本书的结果依然是稳健显著的。由于常数项的经济意义不强，因此，我们便不在这里阐述了。

表7.13　中国园艺类农产品退出边际下以滞后变量为工具变量的检验

变量	Ⅰ	Ⅱ	Ⅲ	Ⅳ	Ⅴ	Ⅵ
$AGDP_{ijt-1}$	0.0100*** (0.0020)	0.0181*** (0.0029)	0.0131** (0.0052)	0.0202*** (0.0030)	0.0136*** (0.0039)	0.0102*** (0.0030)
$PPROAD_{ijt-1}$	-0.0184*** (0.0011)	-0.0101*** (0.0009)	-0.0163*** (0.0017)	-0.0111*** (0.0011)	-0.0187*** (0.0013)	-0.0172*** (0.0013)
DIS_{ij}	-0.0355*** (0.0027)	-0.0349*** (0.0026)	-0.0300*** (0.0039)	-0.0326*** (0.0028)	-0.0307*** (0.0030)	-0.0332*** (0.0033)
Ef_j	0.0010 (0.0018)	0.0002 (0.0018)	0.0083* (0.0043)	-0.0015 (0.0022)	0.0025 (0.0029)	0.0044 (0.0033)
MR_j	-4.7007*** (0.6971)	-4.5403*** (0.7498)	-3.5131** (1.3546)	-3.9846*** (0.8708)	-5.1754*** (1.3096)	-4.4032*** (0.9000)
$TARIFF_{ij}$	-0.0131*** (0.0004)	-0.0127*** (0.0004)	-0.0113*** (0.0008)	-0.0126*** (0.0004)	-0.0120*** (0.0006)	-0.0105*** (0.0007)
SPS_j	-0.0049*** (0.0003)	-0.0053*** (0.0002)	-0.0045*** (0.0006)	-0.0045*** (0.0003)	-0.0039*** (0.0004)	-0.0047*** (0.0004)
RCA_{ij}	-0.0520*** (0.0010)	-0.0417*** (0.0007)	-0.0491*** (0.0022)	-0.0526*** (0.0009)	-0.0629*** (0.0009)	-0.0533*** (0.0013)
IIT_{ij}	0.0390*** (0.0022)	0.0399*** (0.0016)	0.0338*** (0.0043)	0.0374*** (0.0019)	0.0352*** (0.0025)	0.0456*** (0.0029)
$CAFTA_{ijt}$	0.0168*** (0.0005)	0.0174*** (0.0003)	0.0160*** (0.0010)	0.0178*** (0.0004)	0.0172*** (0.0005)	0.0156*** (0.0008)
$CKFTA_{ijt}$	—	—	—	—	—	—
cons·	0.3551*** (0.0219)	0.3541*** (0.0210)	0.2692*** (0.0347)	0.3435*** (0.0252)	0.3084*** (0.0257)	0.3182*** (0.0307)

注：括号内为回归系数的标准误，***、**和*分别表示在1%、5%和10%的显著性水平下通过检验。“—”表示由于滞后二期的$CKFTA_{ijt}$变量在回归结果中产生了奇异矩阵，因此，该变量被删除。

如表7.14所示，首先，就集约边际影响因素的回归方程集约边际 A 和集约边际 B 对比分析可知，SPS 通报数和中国—东盟自由贸易区的建立对集约边际的影响均显著，且在集约边际 A 中的符号和集约边际 B 中的系数符号均一致，说明回归方程结果较为稳健。其次，就扩展边际影响因素的回归方程扩展边际 A 和扩展边际 B 对比分析可知，相对农业人口人均农业增加值、距离、多边阻力、关税水平、RCA 指数和 IIT 指数对扩展边际的影响均显著，且系数符号均一致，说明回归方程结果相当稳健。最后，就退出边际影响因素的回归方程退出边际 A 和退出边际 B 的对比分析可知，相对农业人口人均农业增加值、距离、多边阻力、关税水平、SPS 通报数、RCA 指数、IIT 指数和中国—东盟自由贸易区的建立对退出边际的影响均显著。且变量在退出边际 A 和退出边际 B 中系数符号均一致，表明退出边际回归方程结果相当稳健。综合而言，我们认为表 7. 10 中的回归结果是稳健的。

表 7. 14　　中国园艺类农产品回归结果稳健性分析

变量名称	集约边际 A Coef.	集约边际 B Coef.	扩展边际 A Coef.	扩展边际 B Coef.	退出边际 A Coef.	退出边际 B Coef.
$AGDP_{ijt-1}$/	-0. 0516	0. 0929	0. 0175	0. 0045	0. 0105	0. 0033
$LAGDP_{ijt-1}$	(0. 180)	(0. 001)	(0. 001)	(0. 487)	(0. 019)	(0. 433)
$PPROAD_{ijt-1}$	-0. 0067	-0. 0712	-0. 0111	-0. 0087	-0. 0174	-0. 0149
	(0. 661)	(0. 000)	(0. 000)	(0. 010)	(0. 000)	(0. 000)
DIS_{ij}	-0. 0001	-0. 0136	-0. 0261	-0. 0246	-0. 0316	-0. 0314
	(0. 998)	(0. 571)	(0. 000)	(0. 000)	(0. 000)	(0. 000)
Ef_j	—	—	-0. 0084	0. 0085	0. 0009	0. 0025
	—	—	(0. 144)	(0. 151)	(0. 756)	(0. 451)
MR_j	0. 2498	6. 4283	-13. 2385	-14. 4676	-7. 1167	-6. 4099
	(0. 979)	(0. 561)	(0. 000)	(0. 000)	(0. 000)	(0. 000)
$TARIFF_{ij}$	0. 0150	0. 0166	-0. 0041	-0. 0033	-0. 0146	-0. 0135
	(0. 153)	(0. 129)	(0. 030)	(0. 097)	(0. 000)	(0. 000)
SPS_j	-0. 0230	-0. 0346	-0. 0035	-0. 0027	0. 0017	0. 0019
	(0. 001)	(0. 000)	(0. 000)	(0. 016)	(0. 011)	(0. 023)
RCA_{ij}	0. 0629	0. 0476	-0. 0164	-0. 0193	-0. 0502	-0. 0401
	(0. 047)	(0. 152)	(0. 013)	(0. 007)	(0. 000)	(0. 000)

续表

变量名称	集约边际 A Coef.	集约边际 B Coef.	扩展边际 A Coef.	扩展边际 B Coef.	退出边际 A Coef.	退出边际 B Coef.
IIT_{ij}	-0.0961	-0.0566	0.0823	0.0892	0.0393	0.0341
	(0.111)	(0.360)	(0.000)	(0.000)	(0.000)	(0.000)
$CAFTA_{ijt}$	-0.0978	-0.0728	0.0046	0.0055	0.0141	0.0143
	(0.000)	(0.004)	(0.398)	(0.322)	(0.000)	(0.000)
$CKFTA_{ijt}$	-1.1216	-0572	0.0524	0.0619	-0.0108	-0.0134
	(0.001)	(0.358)	(0.061)	(0.026)	(0.783)	(0.740)
cons	0.2003	0.03140	0.2767	0.2600	0.3625	0.3354
	(0.365)	(0.126)	(0.000)	(0.000)	(0.000)	(0.000)

注：括号内的数值为 P 值。"—" 表示对应变量（EI_i）未引入集约边际计量方程进行回归分析。

7.3　中国畜类农产品出口三元边际影响因素的分析

7.3.1　实证分析

7.3.1.1　样本数据描述性统计

表 7.15 列举了中国畜类农产品对亚洲部分国家出口相关变量的描述性统计。在 14 年间，畜类农产品出口亚洲部分国家集约边际的最大值为 3.95，最小值为 -0.91；扩展边际的最大值为 24.84，最小值为 0.00；退出边际的最大值为 1.00，最小值为 0.00，变化幅度最大的是扩展边际值。畜类农产品出口关税水平最小值为 0.00，最大值为 32.49，标准差为 7.46，均值为 7.01。显示性比较优势指数 RCA 均值为 4.01，表明中国畜类农产品的平均出口竞争力非常强。产业内贸易指数 IIT 均值为 0.73，表示中国畜类农产品的出口平均差异化程度较低。

表 7.15　2002～2015 年中国畜类农产品各变量的描述性统计值

变量	观测值	均值	标准差	最小值	最大值
IM_{ij}	168	0. 1987	0. 5892	-0. 9103	3. 9537
EM_{ij}	168	0. 5885	2. 8941	0. 0000	24. 8411
DM_{ij}	168	0. 1321	0. 2517	0. 0000	1. 0000
$AGDP_{ijt-1}$	168	0. 3393	0. 3898	0. 0070	1. 4212
$PPROAD_{ijt-1}$	168	1. 8979	1. 4428	0. 4486	4. 8453
DIS_{ij}	168	8. 0056	0. 4306	6. 8624	8. 5604
$TARIFF_{ij}$	168	7. 0057	7. 4567	0. 0000	32. 4909
EF_j	168	3. 9440	0. 7870	0. 0000	4. 5042
MR_j	168	0. 0004	0. 0008	0. 0000	0. 0038
SPS_j	168	1. 4220	1. 3405	0. 0000	4. 0431
RCA_{ij}	168	4. 0117	5. 6862	0. 0000	30. 4437
IIT_{ij}	168	0. 7279	0. 2806	0. 0041	1. 0000
$CAFTA_{ijt}$	168	0. 2976	0. 4586	0. 0000	1. 0000
$CKFTA_{ijt}$	168	0. 0060	0. 0772	0. 0000	1. 0000

7. 3. 1. 2　面板单位根检验

由表 7. 16 可知，变量 $AGDP_{ijt-1}$、$PPROAD_{ijt-1}$、$TARIFF_{ij}$、MR_j、SPS_j、RCA_{ij}和 IIT_{ij}均不能拒绝“所有面板单位均为平稳过程”的原假设，表明该部分序列为非平稳性序列，不能直接用于面板协整分析。若对上述变量原序列进行一阶差分后再进行 LLC 检验、IPS 检验和 xtfisher-ADF 平稳性检验，单位根检验表明一阶单整后的面板数据序列都是平稳的，可以进行协整分析。

表 7.16　中国畜类农产品相关变量的单位根检验

变量	LLC-p 值	结果	IPS-p 值	结果	xtfisher-p 值	结果
IM_{ij}	0. 0000	平稳	0. 0000	平稳	0. 0000	平稳
EM_{ij}	0. 0000	平稳	0. 0000	平稳	0. 0000	平稳
DM_{ij}	0. 0000	平稳	0. 0000	平稳	0. 0000	平稳
$AGDP_{ijt-1}$	0. 2516	不平稳	1. 0000	不平稳	0. 0000	平稳
$PPROAD_{ijt-1}$	0. 7463	不平稳	0. 9500	不平稳	1. 0000	不平稳
$TARIFF_{ij}$	0. 8488	不平稳	0. 8830	不平稳	0. 6002	不平稳

续表

变量	LLC-p 值	结果	IPS-p 值	结果	xtfisher-p 值	结果
EF_j	0.0092	平稳	0.8850	不平稳	0.9934	不平稳
MR_j	0.6429	不平稳	0.9410	不平稳	0.4153	不平稳
SPS_j	0.0122	不平稳	0.0760	不平稳	0.0028	平稳
RCA_{ij}	0.0111	不平稳	0.0470	不平稳	0.2339	不平稳
IIT_{ij}	0.3461	不平稳	0.1280	不平稳	0.0198	不平稳
D. IM_{ij}	0.0000	平稳	0.0000	平稳	0.0186	平稳
D. EM_{ij}	0.0000	平稳	0.0000	平稳	0.0000	平稳
D. DM_{ij}	0.0000	平稳	0.0656	平稳	0.0000	平稳
D. $AGDP_{ijt-1}$	0.0000	平稳	0.0000	平稳	0.0000	平稳
D. $PPROAD_{ijt-1}$	0.0057	平稳	0.0000	平稳	0.0000	平稳
D. $TARIFF_{ij}$	0.0000	平稳	0.0000	平稳	0.0000	平稳
D. EF_j	0.0000	平稳	0.0000	平稳	0.0000	平稳
D. MR_j	0.0000	平稳	0.0000	平稳	0.0000	平稳
D. SPS_j	0.0000	平稳	0.0000	平稳	0.0000	平稳
D. RCA_{ij}	0.0000	平稳	0.0000	平稳	0.0000	平稳
D. IIT_{ij}	0.0099	平稳	0.0000	平稳	0.0000	平稳

7.3.1.3　面板协整分析

借鉴第 6 章的方法，我们选择 Kao 检验对数据进行协整检验，集约边际 Kao 检验的 P 值为 0.0000，扩展边际 Kao 检验的 P 值为 0.0006，退出边际 Kao 检验的 P 值为 0.0648。虽然退出边际值略高于 0.05，但畜类农产品的三元边际 Kao 检验值均小于 0.1，表明中国畜类农产品对亚洲部分国家出口的集约边际、扩展边际以及退出边际和相对经济规模、相对农业人口人均农业增加值、可变贸易成本（地理距离、关税和 SPS 措施）、固定贸易成本（贸易自由度指数）、多边阻力和显性比较优势指数等自变量存在长期、稳定的均衡关系，因而能够对其进行回归分析。

7.3.1.4 内生性、组间异方差、组内自相关和组间同期相关检验

我们进一步对面板数据模型的组间异方差、组内自相关和组间同期相关进行检验。（1）集约边际相关检验。经检验所得，该数据模型组间异方差检验P值为0.0000，则强烈拒绝同方差的原假设，认为模型存在组间异方差。组内自相关检验所得P值为0.4379，则强烈接受不存在一阶组内自相关的假设，模型不存在一阶组内自相关。组间同期相关检验所得P值为0.1500，则强烈接受无同期相关的原假设，认为模型不存在同期相关。（2）扩展边际相关检验。该数据组间异方差检验P值为0.0000，则强烈拒绝同方差的原假设，认为模型存在组间异方差。组内自相关检验所得P值为0.2100，则强烈接受不存在一阶组内自相关的假设，认为模型不存在组内自相关。组间同期相关检验所得P值为0.0200，则拒绝无同期相关的原假设，认为模型存在同期相关。（3）退出边际相关的检验。该数据模型组间异方差检验P值为0.0000，则强烈拒绝同方差的原假设，认为模型存在组间异方差。组内自相关检验所得P值为0.2425，则强烈接受不存在一阶组内自相关的假设，认为模型不存在组内自相关。组间同期相关检验所得P值为0.1280，则强烈接受无同期相关的原假设，认为模型不存在同期相关。

7.3.2 基准回归结果

借鉴第6章的回归方法，对于畜类农产品出口三元边际影响因素的实证分析，我们先进行的是基准回归，基准回归结果见表7.17。

表 7.17　　　　　　　中国畜类农产品基准回归结果

变量	集约边际		扩展边际		退出边际	
	Coef.	标准误 P 值	Coef.	标准误 P 值	Coef.	标准误 P 值
$AGDP_{ijt-1}$	-0.1728	0.0619 ***	0.1774	0.0481 ***	0.0258	0.0171
$PPROAD_{ijt-1}$	0.0421	0.0196 **	-1.1216	0.0180 ***	-0.0319	0.0092 ***
DIS_{ij}	-0.667	0.0685	-0.1260	0.0170 ***	-0.0470	0.0123 ***
EF_j	—	—	-0.0324	0.0061 ***	0.0085	0.0079
MR_j	-51.2998	18.3756 ***	-0.7961	10.3235	-24.1275	5.3356 ***
$TARIFF_{ij}$	0.0377	0.0197 *	-0.0554	0.0109 ***	-0.0175	0.0074 **
SPS_j	-0.0046	0.0151	-0.0322	0.0055 ***	-0.0057	0.0043
RCA_{ij}	-0.0220	0.0174	0.0789	0.0132 ***	0.0192	0.0076 **
IIT_{ij}	-0.2402	0.0642 ***	0.0299	0.0247	0.0909	0.0226 ***
$CAFTA_{ijt}$	0.0727	0.0141 ***	-0.0529	0.0132 ***	-0.0072	0.0099
$CKFTA_{ijt}$	-0.9378	0.2040 ***	-0.0722	0.0200 ***	-0.0186	0.0280
cons	0.7046	0.5607	1.4620	0.1749 ***	0.4498	0.1234 ***

注：***、** 和 * 分别表示 FGLS 回归 P 值在 1%、5% 和 10% 的显著性水平下通过检验。“—”表示对应变量（Ef_i）未引入集约边际计量方程进行回归分析。

关于中国畜类农产品出口集约边际影响因素的决定：(1) 人均 GDP 乘积对集约边际的影响显著为负，即人均 GDP 乘积增长 1%，集约边际下降 0.17%。(2) 相对农业人口人均农业增加值对集约边际的影响显著为正，相对农业人口人均农业增加值每上升 1%，集约边际增加 0.04%。(3) 地理距离对集约边际的影响不显著。(4) 多边阻力对集约边际的影响显著为负，多边阻力每增加 1%，集约边际下降 51.30%。(5) 关税水平对集约边际的影响为正，关税水平增加 1%，导致集约边际上升 0.04%。(6) SPS 通报数对集约边际的影响不显著。(7) RCA 指数对集约边际的影响不显著。(8) IIT 指数对集约边际的影响显著为负，IIT 指数每增加 1%，集约边际下降 0.24%。(9) $CAFTA_{ijt}$对集约边际的影响显著为正，中国—东盟自由贸易区的建立使中国既有出口的畜类农产品种类出口额增加了 0.07%。$CKFTA_{ijt}$对集约边际具有负面影响。

关于畜类农产品出口扩展边际影响因素的决定：(1) 一国

人均 GDP 乘积对扩展边际的影响显著为正，即人均 GDP 乘积每增加 1%，扩展边际增加 0.18%。（2）相对农业人口人均农业增加值对扩展边际的影响显著为负，相对农业人口人均农业增加值每增加 1%，扩展边际下降 1.12%。（3）地理距离对出口扩展边际的影响显著为负，即地理距离每增加 1%，扩展边际就下降 0.13%。（4）经济自由度对出口扩展边际的影响显著为负，即经济自由度每增加 1%，扩展边际减少 0.06%。（5）多边阻力对扩展边际的影响不显著。（6）税收对扩展边际的影响显著为负，税收每上升 1%，扩展边际下降 0.06%。（7）SPS 通报数对扩展边际的影响显著为负，即 SPS 通报数每增加 1%，扩展边际减少 0.03%。（8）RCA 指数对扩展边际的影响显著为负，RCA 指数每上升 1%，扩展边际下降 0.08%。（9）IIT 指数对扩展边际的影响不显著。（10）$CAFTA_{ijt}$和 $CKFTA_{ijt}$对中国畜类农产品出口亚洲部分国家扩展边际的影响显著为负，说明中国—东盟自由贸易和中韩自由贸易区的建立对于既有出口的畜类农产品扩展边际的扩大并未起到推动作用。

关于畜类农产品出口退出边际影响因素的决定：（1）一国人均 GDP 乘积对退出边际的影响不显著。（2）相对农业人口人均农业增加值对退出边际的影响显著为负，相对农业人口人均农业增加值每增长 1%，退出边际就下降 0.03%。（3）地理距离对出口退出边际的影响显著为负，即地理距离每增加 1%，出口退出边际就下降 0.05%。（4）经济自由度对出口退出边际的影响不显著。（5）多边阻力对退出边际的影响显著为负，即多边阻力每增加 1%，退出边际减少 24.13%。（6）税收对退出边际的影响显著为负，税收每上升 1%，退出边际下降 0.02%。（7）SPS 通报数对退出边际的影响不显著。（8）RCA 指数对退出边际的影响显著为正，RCA 指数每增长 1%，退出边际上升

0.02%。(9) IIT 指数对退出边际的影响显著为正，IIT 指数每上升1%，退出边际提升0.09%。(10) $CAFTA_{ijt}$和$CKFTA_{ijt}$对中国农产品对于亚洲部分国家出口退出边际的影响均不显著。

7.3.3　稳健性检验

对中国畜类农产品集约边际的内生性检验，详见表7.18，主要利用滞后二期的变量作为工具变量进行实证分析，其中，$CKFTA_{ijt}$ 的回归结果被删除，主要是由于在滞后二期后该变量产生了奇异矩阵。从表7.18的检验结果来看，核心变量除了多边阻力以外，其余变量的估计参数大小、显著性水平和符号与基准回归结果一致，因此，考虑内生性后，本书的结果依然是稳健、显著的。由于常数项的经济意义不强，因此我们便不在这里阐述了。具体来看，多边阻力的回归系数大小变化不大，但是回归系数的符号发生了明显变化，由正变为了负。这可能是由于中国某个贸易伙伴与全球其他贸易伙伴贸易成本的增加，并不能促进中国对亚洲部分国家畜类农产品集约边际的出口。

表7.18　中国畜类农产品集约边际下以滞后变量为工具变量的检验

变量	Ⅰ	Ⅱ	Ⅲ	Ⅳ	Ⅴ
$AGDP_{ijt-1}$	-0.1503** (0.0608)	-0.1673*** (0.0579)	-0.1765*** (0.0622)	-0.1637*** (0.0623)	-0.1887*** (0.0613)
$PPROAD_{ijt-1}$	0.0591*** (0.0191)	0.0632*** (0.0178)	0.0507*** (0.0196)	0.0624*** (0.0191)	0.0569*** (0.0184)
DIS_{ij}	-0.0652 (0.0645)	-0.0687 (0.0651)	-0.0656 (0.0661)	-0.0609 (0.0657)	-0.0517 (0.0629)
MR_j	-42.2540*** (14.3675)	-45.3316*** (14.9006)	-36.4045** (15.6777)	-53.1360*** (13.5673)	-50.9432*** (14.5251)
$TARIFF_{ij}$	0.0491*** (0.0187)	0.0507*** (0.0183)	0.0209 (0.0175)	0.0538*** (0.0188)	0.0191 (0.0167)

续表

变量	Ⅰ	Ⅱ	Ⅲ	Ⅳ	Ⅴ
SPS_j	-0.0082 (0.0121)	-0.0064 (0.0118)	-0.0049 (0.0108)	-0.0077 (0.0122)	-0.0056 (0.0124)
RCA_{ij}	-0.0296** (0.0146)	-0.0337** (0.0152)	-0.0226 (0.0152)	-0.0311** (0.0146)	-0.0342** (0.0151)
IIT_{ij}	-0.2825*** (0.0364)	-0.2746*** (0.0368)	-0.3108*** (0.0360)	-0.2722*** (0.0375)	-0.3060*** (0.0325)
$CAFTA_{ijt}$	0.0757*** (0.0093)	0.0780*** (0.0091)	0.0594*** (0.0084)	0.0764*** (0.0095)	0.0590*** (0.0090)
$CKFTA_{ijt}$	—	—	—	—	—
cons	0.0545 (0.5337)	0.0181 (0.5389)	0.4351 (0.5446)	0.0764 (0.5429)	0.2248 (0.5165)

注：括号内为回归系数的标准误，***、**和*分别表示在1%、5%和10%的显著性水平下通过检验。“—”表示由于滞后二期的$CKFTA_{ijt}$变量在回归结果中产生了奇异矩阵，因此，该变量被删除。

对中国畜类农产品扩展边际的内生性检验，见表7.19，主要利用滞后二期的变量作为工具变量进行实证分析。其中，$CKFTA_{ijt}$的回归结果被删除，主要是由于在滞后二期后该变量产生了奇异矩阵。从表7.19的检验结果来看，核心变量除多边阻力以外，其余变量的估计参数大小、显著性水平和符号与基准回归结果一致，因此，考虑内生性后，本书的结果依然是稳健、显著的。由于常数项的经济意义不强，因此，我们不在这里进行阐述了。具体来看，多边阻力的回归系数大小和符号都发生了明显变化，由负变为了正，这可能是由于中国的某个贸易伙伴与全球其他贸易伙伴贸易成本的增加，并不能促进中国对亚洲部分国家畜类农产品集约边际的出口。此外控制变量产业内贸易指数的符号和大小也发生了显著变化，这与亚洲部分国家进口中国畜类农产品的传统偏好有关，亚洲部分国家更倾向于进口中国已出口的畜类农产品种类。

表7.19　中国畜类农产品扩展边际下以滞后变量为工具变量的检验

变量	Ⅰ	Ⅱ	Ⅲ	Ⅳ	Ⅴ	Ⅵ
$AGDP_{ijt-1}$	0.1640*** (0.0378)	0.1512*** (0.0315)	0.2189*** (0.0227)	0.0233 (0.0287)	0.1286*** (0.0388)	0.1581*** (0.0359)
$PPROAD_{ijt-1}$	-1.1134*** (0.0157)	-1.1031*** (0.0145)	-1.1735*** (0.0127)	-1.0767*** (0.0122)	-1.1147*** (0.0162)	-1.1340*** (0.0138)
DIS_{ij}	-0.1029*** (0.0163)	-0.1084*** (0.0164)	-0.1769*** (0.0176)	-0.1007*** (0.0151)	-0.1016*** (0.0161)	-0.1568*** (0.0190)
Ef_j	-0.0306*** (0.0066)	-0.0230*** (0.0053)	-0.0311*** (0.0046)	-0.0239*** (0.0056)	-0.0344*** (0.0065)	-0.0287*** (0.0078)
MR_j	8.5334 (10.1554)	6.6091 (8.7520)	37.4734*** (8.6688)	2.9238 (9.1659)	14.3391 (9.1852)	27.0069*** (8.2202)
$TARIFF_{ij}$	-0.0542*** (0.0101)	-0.0555*** (0.0094)	-0.0610*** (0.0098)	-0.0555*** (0.0080)	-0.0574*** (0.0105)	-0.0824*** (0.0073)
SPS_j	-0.0239*** (0.0054)	-0.0276*** (0.0050)	-0.0342*** (0.0040)	-0.0271*** (0.0050)	-0.0253*** (0.0055)	-0.0496*** (0.0038)
RCA_{ij}	0.0830*** (0.0137)	0.0846*** (0.0115)	0.1224*** (0.0096)	0.0684*** (0.0118)	0.0894*** (0.0138)	0.1035*** (0.0108)
IIT_{ij}	-0.0098 (0.0224)	-0.0172 (0.0193)	-0.0343** (0.0156)	-0.0170 (0.0150)	-0.0193 (0.0229)	-0.0510*** (0.0165)
$CAFTA_{ijt}$	-0.0543*** (0.0127)	-0.0561*** (0.0118)	-0.0455*** (0.0115)	-0.0570*** (0.0103)	-0.0494*** (0.0126)	-0.0472** (0.0172)
$CKFTA_{ijt}$	—	—	—	—	—	—
cons	1.2490*** (0.1731)	1.2681*** (0.1741)	2.0338*** (0.1807)	1.0091*** (0.1515)	1.2747*** (0.1710)	1.8030*** (0.1897)

注：括号内为回归系数的标准误，***、**和*分别表示在1%、5%和10%的显著性水平下通过检验。"—"表示由于滞后二期的$CKFTA_{ijt}$变量在回归结果中产生了奇异矩阵，因此，该变量被删除。

对中国畜类农产品退出边际的内生性检验，详见7.20，主要利用滞后二期的变量作为工具变量进行实证分析。其中，$CKFTA_{ijt}$的回归结果被删除，主要是由于在滞后二期后该变量产生了奇异矩阵。从表7.20的检验结果来看，核心变量除经济自由度以外，其余变量的估计参数大小、显著性水平和符号与基准回归结果一致。因此，考虑内生性后本书的结果依然是稳健、显著的。由于常数项的经济意义不强，因此，我们便不在这里阐述了。具体来看，经济自由度的回归系数大小和符号都发生了明显变化，由负变为正，可能是由于在退出边际层面下，经济自由度对被解释变量的影响作用有限。

表 7.20　中国畜类农产品退出边际下以滞后变量为工具变量的检验

变量	Ⅰ	Ⅱ	Ⅲ	Ⅳ	Ⅴ	Ⅵ
$AGDP_{ijt-1}$	0.0250** (0.0068)	0.0251** (0.0119)	0.0159 (0.0137)	0.0208*** (0.0064)	0.0165* (0.0092)	0.0218* (0.0119)
$PPROAD_{ijt-1}$	-0.0436*** (0.0043)	-0.0405*** (0.0065)	-0.0424*** (0.0076)	-0.0536*** (0.0038)	-0.0453*** (0.0050)	-0.0131* (0.0080)
DIS_{ij}	-0.0664*** (0.0057)	-0.0618*** (0.0075)	-0.0626*** (0.0112)	-0.0676*** (0.0045)	-0.0656*** (0.0051)	-0.0439*** (0.0144)
Ef_j	-0.0048 (0.0051)	-0.0034 (0.0058)	-0.0027 (0.0065)	-0.0163*** (0.0047)	-0.0047 (0.0050)	0.0070 (0.0085)
MR_j	-28.2462*** (3.3381)	-28.7078*** (3.8225)	-23.5438*** (4.5259)	-24.8507*** (2.7468)	-25.2661*** (3.8091)	-26.3237*** (5.5090)
$TARIFF_{ij}$	-0.0181** (0.0032)	-0.0133*** (0.0048)	-0.0262*** (0.0059)	-0.0230*** (0.0020)	-0.0212*** (0.0026)	0.0184*** (0.0055)
SPS_j	-0.0026*** (0.0010)	-0.0038** (0.0017)	0.0023 (0.0022)	-0.0019*** (0.0006)	-0.0030*** (0.0009)	-0.0143*** (0.0036)
RCA_{ij}	0.0275*** (0.0020)	0.0280*** (0.0031)	0.0306*** (0.0045)	0.0278*** (0.0015)	0.0251*** (0.0015)	0.0165*** (0.0053)
IIT_{ij}	0.1610*** (0.0082)	0.1505*** (0.0145)	0.1330*** (0.0186)	0.1614*** (0.0054)	0.1618*** (0.0070)	0.1001*** (0.0155)
$CAFTA_{ijt}$	-0.0078*** (0.0022)	-0.0127*** (0.0041)	-0.0172*** (0.0065)	-0.0174*** (0.0014)	-0.0117*** (0.0020)	-0.0087* (0.0050)
$CKFTA_{ijt}$	—	—	—	—	—	—
cons	0.6488*** (0.0545)	0.5934*** (0.0720)	0.6126*** (0.1048)	0.7227*** (0.0374)	0.6519*** (0.0484)	0.3726*** (0.1406)

注：括号内为回归系数的标准误，***、** 和 * 分别表示在 1%、5% 和 10% 的显著性水平下通过检验。“—”表示由于滞后二期的 $CKFTA_{ijt}$ 变量在回归结果中产生了奇异矩阵，因此，该变量被删除。

由表 7.21 可知，首先，就集约边际影响因素的回归方程集约边际 A 和集约边际 B 对比分析可知，多边阻力、关税水平、IIT 指数、中国—东盟自由贸易区和中韩自由贸易区的建立，对集约边际的影响均显著。除关税水平外，多边阻力、IIT 指数，中国—东盟自由贸易区和中韩自由贸易区的建立，在集约边际 A 中的系数符号和集约边际 B 中的系数符号均一致，说明回归方程结果较为稳健。其次，就扩展边际影响因素的回归方程扩展边际 A 和扩展边际 B 对比分析可知，经济规模、距离、经济自由度、关税水平、SPS 通报数、RCA 指数、中国—东盟自由贸易区和中韩自由贸易区的建立对扩展边际的影响均显著，且上述变量系数符号均一致，说明回归方程结果相当稳健。最后，就退出边际影响因素的回归方程退出边际 A 和退出边际 B 的对比分析可知，距离、多边阻力、关税水平、RCA 指数和 IIT 指数对退出边际的影响均显著，且变量在退出边际 A 和退出边际 B 中系数符号均一致，表明退出边际回归方程结果相当稳健。综合而言，我们认为表 7.17 中的回归结果是稳健的。

表 7.21　　　　中国畜类农产品回归结果稳健性分析

变量	集约边际 A	集约边际 B	扩展边际 A	扩展边际 B	退出边际 A	退出边际 B
	Coef.	Coef.	Coef.	Coef.	Coef.	Coef.
$AGDP_{ijt-1}$/	−0.1728	0.0001	−1.1216	−0.0543	0.0258	−0.0346
$LAGDP_{ijt-1}$	(0.005)	(0.996)	(0.000)	(0.000)	(0.132)	(0.000)
$PPROAD_{ijt-1}$	0.0421	0.0018	0.1774	−0.0126	−0.0319	−0.0117
	(0.032)	(0.996)	(0.000)	(0.556)	(0.001)	(0.108)
DIS_{ij}	−0.667	−0.0549	−0.1260	−0.1077	−0.0470	−0.0466
	(0.331)	(0.410)	(0.000)	(0.000)	(0.000)	(0.000)
Ef_j	—	—	−0.0324	−0.0163	0.0085	0.0059
	—	—	(0.000)	(0.004)	(0.280)	(0.461)
MR_j	−51.2998	−60.6347	−0.7961	−1.9084	−24.1275	−22.9367
	(0.005)	(0.000)	(0.939)	(0.824)	(0.000)	(0.000)
$TARIFF_{ij}$	0.0377	−0.0526	−0.0554	−0.0526	−0.0175	−0.0237
	(0.056)	(0.058)	(0.000)	(0.000)	(0.018)	(0.001)

续表

变量	集约边际 A Coef.	集约边际 B Coef.	扩展边际 A Coef.	扩展边际 B Coef.	退出边际 A Coef.	退出边际 B Coef.
SPS_j	-0.0046	-0.0051	-0.0322	-0.0291	-0.0057	-0.0015
	(0.761)	(0.742)	(0.000)	(0.000)	(0.179)	(0.681)
RCA_{ij}	-0.0220	-0.0179	0.0789	0.0629	0.0192	0.0208
	(0.207)	(0.313)	(0.000)	(0.000)	(0.012)	(0.002)
IIT_{ij}	-0.2402	-0.1874	0.0299	-0.0051	0.0909	0.0707
	(0.000)	(0.007)	(0.225)	(0.824)	(0.000)	(0.002)
$CAFTA_{ijt}$	0.0727	0.0621	-0.0529	-0.0357	-0.0072	-0.0124
	(0.000)	(0.000)	(0.000)	(0.012)	(0.469)	(0.169)
$CKFTA_{ijt}$	-0.9378	-0.9875	-0.0722	-0.0421	-0.0186	-0.0255
	(0.000)	(0.000)	(0.000)	(0.016)	(0.505)	(0.363)
cons	0.7046	0.6067	1.4620	1.2200	0.4498	0.4818
	(0.216)	(0.272)	(0.000)	(0.000)	(0.000)	(0.000)

注：括号内的数值为 P 值。“—”表示对应变量（Ef_j）未引入集约边际计量方程进行回归分析。

7.4 中国水产类农产品出口三元边际影响因素的分析

7.4.1 实证分析

7.4.1.1 描述性统计

表 7.22 列举了水产类农产品出口三元边际相关变量的描述性统计情况。在 14 年间，水产类农产品出口亚洲部分国家集约边际的最大值为 102.08，最小值为 -0.96；扩展边际的最大值为 387.66，最小值为 0.00；退出边际的最大值为 1.00，最小值为 0.00，变化幅度最大的是扩展边际。水产类农产品出口面临的关税水平的最小值为 0.00，最大值为 45.86，标准差为 11.01，均值为 9.70，表明数据的离散程度较大。显示性比较优势指数

RCA 均值为0.26，表明中国水产类农产品的平均出口竞争力弱。产业内贸易指数 IIT 均值为0.70，表示中国水产类农产品的出口平均差异化程度较高。

表7.22 2002~2015年中国水产类农产品各变量的描述性统计值

变量	观测值	均值	标准差	最小值	最大值
IM_{ij}	168	0.8804	7.9111	-0.9566	102.0826
EM_{ij}	168	3.4734	31.1893	0.0000	387.6625
DM_{ij}	168	0.1203	0.2827	0.0000	1.0000
$AGDP_{ijt-1}$	168	0.3393	0.3898	0.0070	1.4212
$PPROAD_{ijt-1}$	168	1.8979	1.4428	0.4486	4.8453
DIS_{ij}	168	8.0056	0.4306	6.8624	8.5604
$TARIFF_{ij}$	168	9.7032	11.0144	0.0000	45.8628
EF_j	168	3.9440	0.7870	0.0000	4.5042
MR_j	168	0.0004	0.0008	0.0000	0.0038
SPS_j	168	1.4220	1.3405	0.0000	4.0431
RCA_{ij}	168	0.2628	0.5495	0.0000	5.4488
IIT_{ij}	168	0.7038	0.3220	0.0000	1.0000
$CAFTA_{ijt}$	168	0.2976	0.4586	0.0000	1.0000
$CKFTA_{ijt}$	168	0.0060	0.0772	0.0000	1.0000

7.4.1.2 面板单位根检验

由表7.23可知，变量 EM_{ij}、DM_{ij}、$AGDP_{ijt-1}$、$PPROAD_{ijt-1}$、$TARIFF_{ij}$、MR_j、SPS_j 均不能拒绝“所有面板单位均为平稳过程”的原假设，表明该部分序列为非平稳性序列，不能直接用于面板协整分析。若对上述变量原序列进行一阶差分后再进行 LLC 检验、IPS 检验和 xtfisher-ADF 平稳性检验，除变量 EM_{ij} 外，单位根检验表明一阶单整后的面板数据序列都是平稳的。一阶单整后的 EM_{ij} 经 IPS 检验和 xtfisher-ADF 检验为平稳序列，因此，数据可以进行协整分析。

表 7.23　　中国水产类农产品相关变量的单位根检验

变量	LLC-p 值	结果	IPS-p 值	结果	xtfisher-p 值	结果
IM_{ij}	0.0000	平稳	0.0000	平稳	0.0000	平稳
EM_{ij}	1.0000	不平稳	0.0220	不平稳	0.0000	平稳
DM_{ij}	0.2175	不平稳	0.0000	平稳	0.0000	平稳
$AGDP_{ijt-1}$	0.2516	不平稳	1.0000	不平稳	0.0000	平稳
$PPROAD_{ijt-1}$	0.7463	不平稳	0.9500	不平稳	1.0000	不平稳
$TARIFF_{ij}$	0.8488	不平稳	0.8830	不平稳	0.6002	不平稳
EF_j	0.0092	平稳	0.8850	不平稳	0.9934	不平稳
MR_j	0.6429	不平稳	0.9410	不平稳	0.4153	不平稳
SPS_j	0.0122	不平稳	0.0760	不平稳	0.0028	平稳
RCA_{ij}	0.0003	平稳	0.0370	不平稳	0.0012	平稳
IIT_{ij}	0.0000	平稳	0.0020	平稳	0.0000	平稳
D. IM_{ij}	0.0000	平稳	0.0000	平稳	0.0186	平稳
D. EM_{ij}	0.9606	不平稳	0.0000	平稳	0.0000	平稳
D. DM_{ij}	0.0000	平稳	0.0656	平稳	0.0000	平稳
D. $AGDP_{ijt-1}$	0.0000	平稳	0.0000	平稳	0.0000	平稳
D. $PPROAD_{ijt-1}$	0.0057	平稳	0.0000	平稳	0.0000	平稳
D. $TARIFF_{ij}$	0.0000	平稳	0.0000	平稳	0.0000	平稳
D. EF_j	0.0000	平稳	0.0000	平稳	0.0000	平稳
D. MR_j	0.0000	平稳	0.0000	平稳	0.0000	平稳
D. SPS_j	0.0000	平稳	0.0000	平稳	0.0000	平稳
D. RCA_{ij}	0.0000	平稳	0.0000	平稳	0.0000	平稳
D. IIT_{ij}	0.0000	平稳	0.0000	平稳	0.0000	平稳

7.4.1.3　面板协整分析

借鉴第 6 章的方法，我们选择 Kao 检验对数据进行协整检验，集约边际 Kao 检验的 P 值为 0.0000，扩展边际 Kao 检验的 P 值为 0.0260，退出边际 Kao 检验的 P 值为 0.0000，水产类农产品的三元边际 Kao 检验值均小于 0.05。这表明，中国对亚洲部分国家出口的水产类农产品集约边际、扩展边际和退出边际均和经济规模、相对农业人口人均农业增加值、可变贸易成本（地理距离、关税和 SPS 措施）、固定贸易成本（贸易自由度指数）、多边阻力、显性比较优势指数等自变量存在长期稳定的均衡关系，因而能够对其进行回归分析。

7.4.1.4　组间异方差、组内自相关和组间同期相关检验

我们进一步对面板数据模型的组间异方差、组内自相关和组间同期相关进行检验。（1）集约边际相关检验。经检验所得，该模型组间异方差检验 P 值为 0.0000，则强烈拒绝同方差的原假设，认为存在组间异方差。组内自相关检验所得 P 值为 0.0865，则接受不存在一阶组内自相关的假设，模型不存在一阶组内自相关。组间同期相关检验所得 P 值为 0.6002，则强烈接受无同期相关的原假设，认为模型不存在同期相关。（2）扩展边际相关检验。该模型组间异方差检验 P 值为 0.0000，则强烈拒绝同方差的原假设，认为存在组间异方差。组内自相关检验所得 P 值为 0.7870，则强烈接受不存在一阶组内自相关的假设，认为模型不存在组内自相关。组间同期相关检验所得 P 值为 0.0019，则拒绝无同期相关的原假设，认为模型存在同期相关。（3）退出边际的相关检验。该模型组间异方差检验 P 值为 0.0000，则强烈拒绝同方差的原假设，认为模型存在组间异方差。组内自相关检验所得 P 值为 0.2710，则强烈接受不存在一阶组内自相关的假设，认为模型不存在组内自相关。组间同期相关检验所得 P 值为 0.0000，则强烈拒绝无同期相关的原假设，认为模型存在同期相关。

7.4.2　基准回归结果

借鉴第 6 章的回归方法，对于水产类农产品出口三元边际影响因素的实证分析，我们先进行的是基准回归，基准回归结果见

表 7. 24。

表 7. 24　　中国水产类农产品基准回归结果

变量	集约边际		扩展边际		退出边际	
	Coef.	标准误 P 值	Coef.	标准误 P 值	Coef.	标准误 P 值
$AGDP_{ijt-1}$	-0. 2614	0. 0708 ***	0. 0192	0. 0455 ***	0. 0868	0. 0105 ***
$PPROAD_{ijt-1}$	0. 0653	0. 0248 ***	-0. 1041	0. 0176 ***	-0. 0437	0. 0038 ***
DIS_{ij}	0. 1998	0. 0749 ***	-0. 1692	0. 0190 ***	-0. 0350	0. 0083 ***
Ef_{j}	—	—	-0. 0330	0. 0077 ***	-0. 0251	0. 0062 ***
MR_{j}	0. 0552	0. 2647	-0. 0599	0. 2048	-0. 0397	0. 0334
$TARIFF_{ij}$	0. 0468	0. 0195 **	-0. 0409	0. 0060 ***	0. 0126	0. 0022 ***
SPS_{j}	0. 0150	0. 0189	-0. 0851	0. 0095 ***	-0. 0394	0. 0019 ***
RCA_{ij}	-0. 0837	0. 0763	-0. 0171	0. 0312	-0. 0817	0. 0102 ***
IIT_{ij}	-0. 1299	0. 1368	-0. 3328	0. 0488 ***	0. 0886	0. 0137 ***
$CAFTA_{ijt}$	0. 0580	0. 0176 ***	0. 0538	0. 0227 **	0. 0712	0. 0044 ***
$CKFTA_{ijt}$	0. 1548	0. 1792	-0. 0471	0. 0176 ***	-0. 0380	0. 0054 ***
cons	-1. 5192	0. 6109 **	2. 1095	0. 1905 ***	0. 5119	0. 0557 ***

注：*** 、** 和 * 分别表示 FGLS 回归 P 值在 1% 、5% 和 10% 的显著性水平下通过检验。

关于中国水产类农产品出口集约边际的影响因素决定：(1) 人均 GDP 乘积对集约边际的影响显著为负，即人均 GDP 乘积增加 1%，集约边际下降 0. 26%。(2) 相对农业人口人均农业增加值对集约边际的影响显著为正，相对农业人口人均农业增加值每上升 1%，集约边际增加 0. 07%。(3) 地理距离对集约边际的影响为正，距离增加 1%，集约边际增加 0. 20%。(4) 多边阻力对集约边际的影响不显著。(5) 关税水平对集约边际的影响为正，关税水平增加 1%，导致集约边际增加 0. 05%。(6) SPS 通报数对集约边际的影响不显著。(7) RCA 指数对集约边际的影响不显著。(8) IIT 指数对集约边际的影响不显著。(9) $CAFTA_{ijt}$对集约边际的影响显著为正，中国—东盟自由贸易区的建立使中国既有出口的水产类农产品出口额增加了 0. 06%。$CKFTA_{ijt}$ 对集约边际的影响不显著。

关于中国水产类农产品出口扩展边际影响因素决定：（1）一国人均GDP乘积对扩展边际的影响显著为正，即人均GDP乘积每增加1%，扩展边际增加0.02%。（2）相对农业人口人均农业增加值对扩展边际的影响显著为负，相对农业人口人均农业增加值每增加1%，扩展边际就减少0.10%。（3）地理距离对出口扩展边际的影响显著为负，即地理距离每增加1%，扩展边际就下降0.17%。（4）经济自由度对出口扩展边际的影响显著为负，经济自由度增加1%，扩展边际减少0.03%。（5）多边阻力对扩展边际的影响不显著。（6）税收对扩展边际的影响显著为负，税收每上升1%，扩展边际减少0.04%。（7）SPS通报数对扩展边际的影响显著为负，即SPS通报数每增加1%，扩展边际减少0.09%。（8）RCA指数对扩展边际的影响不显著。（9）IIT指数对扩展边际的影响显著为负，即IIT指数每增加1%，扩展边际减少0.33%。（10）$CAFTA_{ijt}$对扩展边际的影响显著为正，$CKFTA_{ijt}$对扩展边际的影响显著为负。这说明，中国—东盟自由贸易区的建立，对水产类农产品出口扩展边际的扩大起到了推动作用。

关于中国水产类农产品出口退出边际影响因素的决定：（1）一国人均GDP乘积对退出边际的影响显著为正，人均GDP乘积增长1%，退出边际增加0.09%。（2）相对农业人口人均农业增加值对退出边际的影响显著为负，相对农业人口人均农业增加值每增长1%，退出边际就下降0.04%。（3）地理距离对出口退出边际的影响显著为负，即地理距离每增加1%，退出边际就下降0.04%。（4）经济自由度对出口退出边际的影响显著为负，即经济自由度增长1%，退出边际减少0.03%。（5）多边阻力对退出边际的影响不显著。（6）税收对退出边际的影响显著为正，税收每提高1%，退出边际增加0.01%。（7）SPS通报数量对退出边际的影响显著为负，通报数量增长 1%，退出边际减少 0.04%。（8）RCA 指数对退出边际的影响显著为负，RCA 指数每增长 1%，退出边际减少 0.08%。（9）IIT 指数对退出边际的影响显著为正，IIT 指数每上升 1%，退出边际提升 0.09%。（10）$CAFTA_{ijt}$对退出边际的影响显著为正，$CKFTA_{ijt}$对退出边际的影响显著为负。说明中国—东盟自由贸易区的建立对水产类农产品出口亚洲部分国家的退出边际的下降起到了促进作用。

7.4.3 稳健性检验

表 7.25 是对水产品集约边际的内生性检验，主要利用滞后二期的变量作为工具变量进行实证分析。其中，$CKFTA_{ijt}$ 的回归结果被删除，主要是由于在滞后二期后该变量产生了奇异矩阵。从表 7.25 的检验结果来看，核心变量的估计参数大小、显著性水平和符号与基准回归结果一致，因此，考虑内生性后本书的结果依然是稳健显著的。

表 7.25 中国水产类农产品集约边际下以滞后变量为工具变量的检验

变量	Ⅰ	Ⅱ	Ⅲ	Ⅳ	Ⅴ
$AGDP_{ijt-1}$	-0.1691** (0.0592)	-0.1933*** (0.0735)	-0.1582** (0.0616)	-0.2054*** (0.0589)	-0.1289* (0.0695)
$PPROAD_{ijt-1}$	0.0403* (0.0227)	0.0669*** (0.0252)	0.0515** (0.0225)	0.0501** (0.0218)	0.0673*** (0.0237)
DIS_{ij}	0.2648*** (0.0725)	0.2602*** (0.0754)	0.2836*** (0.0746)	0.2172*** (0.0618)	0.2732*** (0.0706)
MR_j	0.0529 (0.2650)	0.0570 (0.2687)	0.0530 (0.2665)	0.0502 (0.1670)	0.0610 (0.2666)
$TARIFF_{ij}$	0.0434** (0.0173)	0.0392** (0.0186)	0.0533*** (0.0180)	0.0445** (0.0176)	0.0508*** (0.0170)
SPS_j	0.0217* (0.0175)	0.0190 (0.0188)	0.0193 (0.0170)	0.0159 (0.0182)	0.0175 (0.0169)
RCA_{ij}	-0.06772 (0.0634)	-0.0891 (0.0678)	-0.0785 (0.0649)	-0.8602 (0.0636)	-0.0739 (0.0655)

续表

变量	Ⅰ	Ⅱ	Ⅲ	Ⅳ	Ⅴ
IIT_{ij}	-0.1359 (0.1337)	-0.1556 (0.1392)	-0.1022 (0.1375)	-0.1544 (0.1342)	-0.1723 (0.1357)
$CAFTA_{ijt}$	0.0683 *** (0.0163)	0.0595 *** (0.0171)	0.0685 *** (0.0139)	0.0905 *** (0.0210)	0.0615 *** (0.0151)
$CKFTA_{ijt}$	—	—	—	—	—
cons	-2.0182 *** (0.5863)	-1.9438 *** (0.6124)	-2.1925 *** (0.6053)	-1.6350 ** (0.5121)	-2.0606 *** (0.5670)

注：括号内为回归系数的标准误，*** 、** 和 * 分别表示在1%、5%和10%的显著性水平下通过检验。“—”表示由于滞后二期的 $CKFTA_{ijt}$ 变量在回归结果中产生了奇异矩阵，因此，该变量被删除。

对水产品扩展边际的内生性检验，详见表7.26，主要利用滞后二期的变量作为工具变量进行实证分析。其中，$CKFTA_{ijt}$ 的回归结果被删除，主要是由于在滞后二期后该变量产生了奇异矩阵。从表7.26的检验结果来看，核心变量估计参数大小、显著性水平和符号与基准回归结果一致，因此，考虑内生性后本书的结果依然是稳健显著的。由于常数项的经济意义不强，我们便不在这里阐述了。然而，就控制变量来看 $CAFTA_{ijt}$ 回归系数符号、大小和显著程度都发生了明显变化，主要和中国—东盟自由贸易区的成立对中国新增水产类农产品出口规模变动的相关作用不明显有关。中国—东盟自由贸易区的建立，对其余三类农产品出口扩展边际的影响作用相对明显。

表7.26　中国水产类农产品扩展边际下以滞后变量为工具变量的检验

变量	Ⅰ	Ⅱ	Ⅲ	Ⅳ	Ⅴ	Ⅵ
$AGDP_{ijt-1}$	0.0180 (0.0198)	0.0173 (0.0167)	0.0215 ** (0.0110)	0.0154 (0.0148)	0.0122 (0.0201)	0.0149 (0.0212)
$PPROAD_{ijt-1}$	-0.1228 *** (0.0099)	-0.1025 *** (0.0075)	-0.1208 *** (0.0055)	-0.1326 *** (0.0091)	-0.1349 *** (0.0089)	-0.1093 *** (0.0141)
DIS_{ij}	-0.1565 *** (0.0118)	-0.1569 *** (0.0107)	-0.1516 *** (0.0051)	-0.1633 *** (0.0113)	-0.1635 *** (0.0094)	-0.1599 *** (0.0209)

续表

变量	Ⅰ	Ⅱ	Ⅲ	Ⅳ	Ⅴ	Ⅵ
Ef_j	-0.0068*** (0.0015)	-0.0065*** (0.0012)	-0.0099*** (0.0025)	-0.0093*** (0.0024)	-0.0056** (0.0022)	-0.0072*** (0.0024)
MR_j	-0.0643 (0.1138)	-0.0510 (0.0810)	-0.0672 (0.0852)	-0.0736 (0.1170)	-0.0637 (0.1236)	-0.0767 (0.1431)
$TARIFF_{ij}$	-0.0413*** (0.0035)	-0.0475*** (0.0026)	-0.1022*** (0.0025)	-0.0419*** (0.0031)	-0.0389*** (0.0034)	-0.0369*** (0.0049)
SPS_j	-0.0829*** (0.0036)	-0.0797*** (0.0029)	-0.0778*** (0.0012)	-0.0827*** (0.0032)	-0.0633*** (0.0029)	-0.0807*** (0.0051)
RCA_{ij}	-0.0100 (0.0161)	-0.0086 (0.0124)	-0.0156** (0.0070)	-0.0127 (0.0137)	-0.0131 (0.0145)	-0.0162 (0.0138)
IIT_{ij}	-0.2822*** (0.0265)	-0.3190*** (0.0206)	-0.3589*** (0.0093)	-0.3020*** (0.0231)	-0.2986*** (0.0231)	-0.2854*** (0.0394)
$CAFTA_{ijt}$	-0.0392*** (0.0050)	-0.0327*** (0.0050)	-0.0348*** (0.0034)	-0.0261*** (0.0065)	-0.0361*** (0.0038)	-0.0310*** (0.0069)
$CKFTA_{ijt}$	—	—	—	—	—	—
cons	1.4752*** (0.1284)	1.5501*** (0.1117)	0.9568*** (0.0512)	1.3060*** (0.1152)	0.8333*** (0.0905)	0.6794*** (0.2182)

注：括号内为回归系数的标准误，***、**和*分别表示在1%、5%和10%的显著性水平下通过检验。“—”表示由于滞后二期的$CKFTA_{ijt}$变量在回归结果中产生了奇异矩阵，因此，该变量被删除。

对水产品退出边际的内生性检验，详见表7.27，主要利用滞后二期的变量作为工具变量进行实证分析。其中，$CKFTA_{ijt}$的回归结果被删除，主要是由于在滞后二期后该变量产生了奇异矩阵。从表7.27的回归结果中我们可以发现，核心变量除了经济自由度以外，其余的估计参数大小、显著性水平和符号与基准回归结果一致。因此，考虑内生性后，本书的结果依然是稳健显著的。由于常数项的经济意义不强，因此，我们便不在这里阐述了。对于控制变量$CAFTA_{ijt}$的显著性水平而言，由基准回归中的高度显著变为了不显著，主要和中国—东盟自由贸易区的成立对中国水产类农产品市场的影响不相关。

表7.27　中国水产类农产品退出边际下以滞后变量为工具变量的检验

变量	Ⅰ	Ⅱ	Ⅲ	Ⅳ	Ⅴ	Ⅵ
$AGDP_{ijt-1}$	0.0862 *** (0.0068)	0.0851 *** (0.0119)	0.0859 *** (0.0137)	0.0808 *** (0.0064)	0.0765 *** (0.0092)	0.0718 *** (0.0119)
$PPROAD_{ijt-1}$	-0.0436 *** (0.0043)	-0.0405 *** (0.0065)	-0.0424 *** (0.0076)	-0.0336 *** (0.0038)	-0.0353 *** (0.0050)	-0.0431 *** (0.0080)
DIS_{ij}	-0.0264 *** (0.0057)	-0.0318 *** (0.0075)	-0.0326 *** (0.0112)	-0.0376 *** (0.0045)	-0.0256 *** (0.0051)	-0.0339 ** (0.0144)
Ef_j	0.0048 (0.0051)	0.0034 (0.0058)	0.0027 (0.0065)	0.0163 *** (0.0047)	0.0047 (0.0050)	0.0070 (0.0085)
MR_j	-0.0462 (1.3381)	-0.0278 (2.8225)	-0.0438 (2.5259)	-0.0507 (1.7468)	-0.0461 *** (1.8091)	-0.0437 (1.5090)
$TARIFF_{ij}$	0.0181 *** (0.0032)	0.0133 *** (0.0048)	0.0162 ** (0.0059)	0.0130 *** (0.0020)	0.0142 *** (0.0026)	0.0100 ** (0.0055)
SPS_j	-0.0326 *** (0.0010)	-0.0338 *** (0.0017)	-0.0423 *** (0.0022)	-0.0291 *** (0.0006)	-0.0330 *** (0.0009)	-0.0443 *** (0.0036)
RCA_{ij}	-0.0875 *** (0.0020)	-0.0819 *** (0.0031)	-0.0706 *** (0.0045)	-0.0678 *** (0.0015)	-0.0851 *** (0.0015)	-0.0765 *** (0.0053)
IIT_{ij}	0.0610 *** (0.0082)	0.0505 *** (0.0145)	0.0330 * (0.0186)	0.0614 *** (0.0054)	0.0618 *** (0.0070)	0.0601 *** (0.0155)
$CAFTA_{ijt}$	-0.0031 (0.0022)	-0.0037 (0.0041)	-0.0042 (0.0065)	-0.0054 *** (0.0014)	-0.0037 (0.0020)	-0.0047 (0.0050)
$CKFTA_{ijt}$	—	—	—	—	—	—
cons	0.6488 *** (0.0545)	0.5934 *** (0.0720)	0.6125 *** (0.1048)	0.7227 *** (0.0374)	0.6519 *** (0.0484)	0.3726 *** (0.1406)

注：括号内为回归系数的标准误，*** 、** 和 * 分别表示在1%、5%和10%的显著性水平下通过检验。“—”表示由于滞后二期的 $CKFTA_{ijt}$ 变量在回归结果中产生了奇异矩阵，因此，该变量被删除。

如表7.28所示，首先，就集约边际影响因素的回归方程集约边际A和集约边际B对比分析可知，经济规模、相对农业人口人均农业增加值、距离、关税水平和中国—东盟自由贸易区的建立对集约边际的影响均显著，且上述变量在集约边际A中的符号和集约边际B中的系数符号均一致，说明回归方程结果相当稳健。其次，就扩展边际影响因素的回归方程扩展边际A和扩展边际 B 对比分析可知，经济规模、相对农业人口人均农业增加值、距离、关税水平、SPS 通报数、IIT 指数、中国—东盟自由贸易区和中韩自由贸易区的建立，对扩展边际的影响均显著，但各别上述变量系数符号存在差异，说明回归方程结果基本稳健。再次，就退出边际影响因素的回归方程退出边际 A 和退出边际 B 对比分析可知，经济规模、相对农业人口人均农业增加值、距离、经济自由度、SPS 通报数、RCA 指数、中国—东盟自由贸易区和中韩自由贸易区的建立对退出边际的影响均显著。且绝大多数上述变量在退出边际 A 和退出边际 B 中系数符号均一致，表明退出边际回归方程结果较为稳健。综合而言，我们认为表 7.24 中的回归结果是稳健的。

表 7.28　　中国水产类农产品回归结果稳健性分析

变量名称	集约边际 A	集约边际 B	扩展边际 A	扩展边际 B	退出边际 A	退出边际 B
	Coef.	Coef.	Coef.	Coef.	Coef.	Coef.
$AGDP_{ijt-1}$/	-0.2614	-0.1138	0.0192	-0.3009	0.0868	-0.1123
$LAGDP_{ijt-1}$	(0.000)	(0.000)	(0.000)	(0.000)	(0.000)	(0.000)
$PPROAD_{ijt-1}$	0.0653	0.2193	-0.1041	0.0971	-0.0437	0.0439
	(0.009)	(0.000)	(0.000)	(0.000)	(0.000)	(0.000)
DIS_{ij}	0.1998	0.2163	-0.1692	0.1736	-0.0350	-0.0215
	(0.008)	(0.004)	(0.000)	(0.000)	(0.000)	(0.010)
Ef_j	—	—	-0.0330	0.0246	-0.0251	-0.0180
	—	—	(0.000)	(0.000)	(0.000)	(0.062)
MR_j	0.0552	0.4023	-0.0599	0.4615	-0.0397	-0.1734
	(0.835)	(0.126)	(0.770)	(0.002)	(0.235)	(0.000)
$TARIFF_{ij}$	0.0468	0.0672	-0.0409	-0.0598	0.0126	0.0055
	(0.016)	(0.001)	(0.000)	(0.000)	(0.000)	(0.210)
SPS_j	0.0150	-0.0050	-0.0851	-0.0888	-0.0394	-0.0231
	(0.429)	(0.764)	(0.000)	(0.000)	(0.000)	(0.000)
RCA_{ij}	-0.0837	-0.0679	-0.0171	-0.0254	-0.0817	-0.0747
	(0.272)	(0.350)	(0.584)	(0.178)	(0.000)	(0.001)
IIT_{ij}	-0.1299	-0.0499	-0.3328	-0.5318	0.0886	0.0052
	(0.342)	(0.712)	(0.000)	(0.000)	(0.000)	(0.815)

续表

变量名称	集约边际 A Coef.	集约边际 B Coef.	扩展边际 A Coef.	扩展边际 B Coef.	退出边际 A Coef.	退出边际 B Coef.
$CAFTA_{ijt}$	0. 0580	0. 0689	0. 0538	0. 0466	0. 0712	0. 0572
	(0. 001)	(0. 001)	(0. 018)	(0. 001)	(0. 000)	(0. 000)
$CKFTA_{ijt}$	0. 1548	0. 1344	-0. 0471	-0. 0263	-0. 0380	-0. 0706
	(0. 388)	(0. 426)	(0. 007)	(0. 076)	(0. 000)	(0. 000)
cons	-1. 5192	-1. 7092	2. 1095	2. 2951	0. 5119	0. 3789
	(0. 013)	(0. 006)	(0. 000)	(0. 000)	(0. 000)	(0. 000)

注：括内里的数值为 P 值。“—”表示对应变量（Ef_i）未引入集约边际计量方程进行回归分析。

第8章

研究结论和政策建议

本书综合现有相关中外文文献的研究成果，系统地结合国际贸易学、宏观经济学、微观经济学、统计学和计量经济学等相关学科的理论知识和研究方法，以中国全部农产品出口三元边际和不同种类农产品出口三元边际为主要研究对象，结合相关统计和计量方法，以钱尼（2008）企业异质性贸易理论为基础，结合农产品出口的特殊性，深入考察了中国全部农产品和不同种类农产品出口亚洲部分国家三元边际的影响因素，着重分析了在区域贸易一体化背景下，进口国关税削减对农产品出口亚洲部分国家三元边际的不同影响。本章得出了五个结论，并在此基础上提出了八点政策建议。

8.1 主要结论

8.1.1 农产品对亚洲部分国家出口三元边际的变动

对中国农产品出口亚洲部分国家的三元边际而言：2002～2015年，对日本出口的集约边际变动较大，扩展边际和退出边际变动均不明显；对韩国出口的集约边际变动显著，退出边际变动较大，扩展边际变动最小；对东盟出口的集约边际变动显著，退出边际次之，扩展边际变动最小。换而言之，（1）对集约边际而言，2002～2015 年，中国农产品对日本、韩国和东盟出口集约边际均呈现明显波动态势。中国具有持续出口优势的既有出口农产品种类在东盟市场上更受欢迎。日本、韩国，特别是日本，对中国既有出口农产品种类的进口需求有所下降。（2）对扩展边际而言，中国农产品对日本和东盟出口的扩展边际波动不明显，而对韩国出口扩展边际波动较大，并且新增出口的农产品种类在东盟市场上受欢迎程度更高。（3）对退出边际而言，其在中国对日本出口中的波动较大，除 2015 年外，中国农产品对韩国和东盟出口的退出边际波动均不明显。

全部农产品出口三元边际对出口变动率的贡献度不同。就中国农产品出口亚洲部分国家三元边际对出口变动率的贡献度而言，（1）集约边际对于中国农产品对日本、韩国和东盟出口变动率的贡献度最大，退出边际次之，而扩展边际最小。对东盟各国来说，除了 2014 年和 2015 年，2002～2013 年中国农产品出口东盟十国的集约边际对出口变动率的贡献度均大于扩展边际和退出边际的贡献度。（2）扩展边际对中国农产品出口东盟变动率贡献度影响较大的国家依次是老挝、新加坡和菲律宾。（3）退出边际对中国农产品出口东盟变动率贡献度最大的国家是老挝。

不同种类的农产品出口三元边际对出口变动率的贡献度不同。2002～2015 年，对中国不同种类农产品出口亚洲部分国家三元边际对于出口变动率的贡献度而言：

（1）谷物类农产品出口的集约边际对日本出口变动率的贡献度较大，韩国次之，东盟最小。除东盟 2009 年外，扩展边际对中国谷物类农产品出口日本、韩国、东盟变动率的贡献均不明显。退出边际除了在 2008 年较为显著地影响了中国谷物类农产品对韩国的出口变动，在2009年影响了对日本和东盟的出口变动外，其余年份对于中国谷物类农产品对日本、韩国、东盟出口变动率的贡献均很微弱。对于东盟各国而言，除老挝、缅甸和文莱外，中国谷物类农产品对东盟其余七国出口集约边际对于出口变动率的贡献度较大。扩展边际对于中国谷物类农产品出口东盟十国变动率贡献较大的国家有老挝、新加坡和柬埔寨。退出边际对于中国谷物类农产品出口东盟十国变动率贡献较大的国家是老挝、缅甸和新加坡。

（2）中国园艺类农产品出口日本、韩国和东盟的集约边际，对出口变动率的贡献度较大。扩展边际和退出边际对出口变动率的影响程度由高到低依次是韩国、日本、东盟。除文莱、缅甸、柬埔寨和新加坡外，中国农产品对东盟六国出口的集约边际对于出口变动率的贡献度，均大于扩展边际和退出边际的贡献度。就扩展边际的贡献度而言，扩展边际对于中国园艺类农产品对东盟出口变动率贡献较大的国家有缅甸、新加坡、老挝和越南。对退出边际的贡献度而言，退出边际对于中国园艺类农产品对东盟出口变动率贡献最大的国家是老挝，随后是文莱和新加坡。

（3）中国畜类农产品出口日本、韩国和东盟的集约边际，对出口变动率的贡献度较大。扩展边际和退出边际对出口变动率的影响程度，由高到低依次是韩国、东盟、日本。对集约边际的贡献度而言，中国畜类农产品出口文莱的集约边际对出口变动率的贡献度最大。扩展边际对于中国畜类农产品对东盟十国出口变动率贡献度较大的国家有文莱、缅甸、新加坡、老挝和越南。退出边际对于中国畜类农产品对东盟出口变动率影响最大的国家是文莱，之后是老挝和新加坡。

（4）中国水产类农产品出口日本、韩国和东盟的集约边际对出口变动率的贡献度较大。扩展边际和退出边际对出口变动率的影响程度，由高到低依次是东盟、日本、韩国。对于东盟各国而言，相对东盟的其余六国（缅甸、柬埔寨、老挝、马来西亚、越南和泰国）而言，中国水产类农产品对文莱、菲律宾、印度尼西亚和新加坡出口的集约边际对于出口变动率的贡献程度波动较为明显。中国水产类农产品对文莱、菲律宾、印度尼西亚和缅甸出口扩展边际的贡献度相对东盟的其余六国波动较大。在 2015 年，中国水产类农产品对东盟各国出口退出边际对于出口变动率的贡献程度突然增加。除 2015 年外，退出边际对出口变动率的贡献程度较小。

8.1.2　全部农产品出口三元边际的影响因素

对中国农产品出口亚洲部分国家三元边际的影响因素而言：（1）与集约边际相关的影响因素，经济规模和 RCA 指数的增加对集约边际存在显著的正向作用，且 RCA 指数上升带来的增长作用要高于经济规模的相关作用。相对农业人口人均农业增加值、关税水平、SPS 通报数和 IIT 指数的增加对集约边际存在显著的负向作用，且它们对集约边际的影响程度均小于经济规模的影响程度。（2）与扩展边际相关的影响因素、经济规模和 RCA 指数增加对扩展边际存在显著的正向作用，且经济规模上升带来的增长作用要高于 RCA 指数的相关作用。相对农业人口人均农业增加值、多边阻力、SPS 通报数和 IIT 指数的扩大对扩展边际存在显著的负向作用，其中负向作用最大的是多边阻力。（3）与退出边际相关的影响因素、经济规模、多边阻力、SPS 通报数、RCA 指数和 IIT 指数的增加对退出边际存在显著的正向作用，中国—东盟自由贸易区的建立对退出边际同样存在提升作用，影响最大的是多边阻力。相对农业人口人均农业增加值、距离和关税水平的提升，对退出边际的影响显著为负。

8.1.3 不同种类农产品出口三元边际的影响因素

对中国谷物类农产品出口亚洲部分国家三元边际的影响因素而言：（1）与集约边际有关的影响因素，经济规模、地理距离和关税水平的增加对集约边际的影响均显著为负，中韩自由贸易区的建立对集约边际的影响也为负，且经济规模和地理距离对集约边际的负向作用相当。RCA 指数的上升和中国—东盟自由贸易区的建立对集约边际的增长影响为正，且 RCA 指数的影响程度更大。（2）与扩展边际相关的影响因素，相对农业人口人均农业增加值、地理距离、多边阻力、关税水平、SPS 通报数和 RCA 指数的提升对扩展边际的影响均为负，中国—东盟自由贸易区的建立对扩展边际的影响也为负，多边阻力的影响程度相对最大。IIT 指数的增加和中韩自由贸易区的建立对扩展边际的影响均为正，且 IIT 指数对扩展边际的拉动作用要高于中韩自由贸易区建立的相关作用。（3）与退出边际相关的影响因素，经济规模、相对农业人口人均农业增加值、地理距离、多边阻力、关税水平、SPS 通报数和 RCA 指数的增加对退出边际的影响均为负，且多边阻力的负向作用相对最强。IIT 指数的提升，对退出边际具有正面影响。

对于中国园艺类农产品出口亚洲部分国家三元边际的影响因素而言：（1）与集约边际有关的影响因素，SPS 通报数的增加、中国—东盟自由贸易区的建立和中韩自由贸易区的建立对集约边际均存在负面影响。RCA 指数的增加，对集约边际的提升具有拉动作用。（2）与扩展边际有关的影响因素，相对农业人口人均农业增加值、地理距离、多边阻力、关税水平、SPS 通报数和 RCA 指数的增加对扩展边际的影响均为负，除多边阻力外，其余变量对扩展边际的影响程度均很小。经济规模的增加、IIT 指数的增加和中韩自由贸易区的建立，对扩展边际的增加均具有推动作用。（3）与退出边际有关的影响因素，相对农业人口人均农业增加值、距离、多边阻力、关税水平和 RCA 指数的增长对退出边际的影响显著为负。经济规模、SPS 通报数量和 IIT 指数的增长均会带动退出边际的增加，中国—东盟自由贸易区的建立同样扩大了退出边际值，其中贡献度最大的是 IIT 指数。

就中国畜类农产品出口亚洲部分国家三元边际的影响因素而言：（1）与集约边际有关的影响因素，经济规模、多边阻力和 IIT 指数的增长阻碍了集约边际的增长，中韩自由贸易区的建立对集约边际的影响也为负，且多边阻力的影响最大。相对农业人口人均农业增加值的增加、关税水平的提升和中国—东盟自由贸易区的建立对集约边际具有推动作用，且中国—东盟自由贸易区的建立对既有出口的畜类农产品种类出口规模的扩大作用更明显。（2）与扩展边际有关的影响因素，相对农业人口人均农业增加值、地理距离、经济自由度、关税水平和 SPS 通报数量的增加对扩展边际的影响为负，中国—东盟自由贸易区的建立和中韩自由贸易区的建立对扩展边际的影响也为负，且负面影响最大的是相对农业人口人均农业增加值。经济规模和 RCA 指数的提升对扩展边际的影响显著为正，且经济规模的推动作用更大。（3）与退出边际有关的影响因素，相对农业人口人均农业增加值、地理距离、多边阻力和关税水平的提升对退出边际的影响为负。RCA 指数和 IIT 指数的增长，对退出边际的影响为正。

就中国水产类农产品出口亚洲部分国家三元边际的影响因素而言：（1）与集约边际有关的影响因素，经济规模增长对集约边际的影响为负。相对农业人口人均农业增加值、地理距离和关税水平的提升对集约边际的影响为正，中国—东盟自由贸易区的建立对集约边际同样具有促进作用。（2）与扩展边际有关的影响因素，相对农业人口人均农业增加值、地理距离、经济自由度、关税水平、SPS 通报数和 IIT 指数的增加对扩展边际的影响为负，中韩自由贸易区的建立对扩展边际的影响也为负。经济规模的增大和中国—东盟自由贸易区的建立，均会带动新增水产类农产品出口规模的扩大。（3）与退出边际有关的影响因素，相对农业人口人均农业增加值、距离、经济自由度、SPS 通报数量和 RCA 指数的增大均会导致退出边际有所下降，中韩自由贸易区的建立对退出边际的作用也为负。经济规模、关税水平和 IIT 指数的增长对退出边际具有带动作用，中国—东盟自由贸易区的建立对退出边际的影响也为正。

8.2 政策建议

8.2.1 精准把握不同出口市场的农产品差异化需求

基于中国农产品出口三元边际对不同市场出口变动率贡献程度的差异，我们可以判断四类农产品在不同国家受欢迎的程度。2002 ~ 2015 年，中国园艺类农产品出口日本、韩国和东盟的集约边际对出口变动率的贡献度较大。对于贡献较大的既有出口的园艺类农产品而言，政府应在其生产、加工、运输和销售等环节加大政策扶持力度，提供相关资金支持，力争使该类农产品在出口市场中保有持续竞争优势，带动出口额的提升。2002 ~ 2015 年，扩展边际和退出边际对中国园艺类农产品出口变动率的影响程度由高到低依次是韩国、日本、东盟。因此，我们应针对具体出口目的国增加具有出口优势的园艺类农产品的科研投入，鼓励具有出口优势的生产企业广泛进行产品创新和工艺创新。除此之外，对于针对某一具体市场出口额减少较多的农产品而言，我们应对其生产进行备案，并对相关生产企业进行生产指导和产量监控。

8.2.2　针对出口目标国的情况采取差异化出口策略

不同种类农产品出口三元边际的相关影响因素各不相同，我们需根据实证研究结果，深入分析影响中国 4 类农产品出口亚洲部分国家的具体影响因素，采取差异化的出口策略扩大农产品对亚洲部分国家的出口规模。例如，就谷物类农产品而言，人均 GDP 乘积的下降、两国之间地理距离的缩短和关税水平的下降均有利于中国既有出口的谷物类农产品对亚洲部分国家出口规模的扩大。而进出口设置的 SPS 通报数的减少和农产品显示性比较优势指数的上升，均能带动中国既有园艺类农产品出口额的增加。因此，我们需立足于国内农产品市场的供求现状，针对影响四类农产品出口的具体因素，根据不同的农产品出口品种，实施差异化的产品扶持策略，从而有效扩大中国农产品对亚洲部分国家的出口规模。

8.2.3　进一步提升既有出口农产品的质量

2002 ~ 2015 年，中国农产品对亚洲部分国家的出口均呈现逐步递增的态势。其中，中国农产品出口亚洲部分国家的集约边际对出口增长的贡献度相对较大。对于既有出口的农产品种类而言，为了促进其出口规模的进一步扩大，提高出口农产品的质量尤为重要。首先，我们应该从源头抓既有出口农产品的规范化和标准化生产。例如，政府应当加大对农产品标准化生产的资金投入和技术指导，特别是对中国农产品的生产加工方式加强现代化和规范化的指导。大力推动针对既有出口农产品种类的现代化生产线建设的升级，鼓励生产企业加快出口农产品生产的质量标准体系建设。其次，市场监管、农委等部门定期联合在农产品加工和运输等环节加强质量监管力度。例如，多部门组织成立农产品安全检验监测站，专门负责农产品加工过程中有关食品添加剂含量的监控、分装的安全质检和包装材料的质检等检测工作。最后，建立健全农产品生产、加工、运输、储存到市场销售等环节的常规性质检管理制度，从而形成与农产品出口有关的长效质量监督机制。

8.2.4 拓展可出口的农产品种类

尽管中国农产品对亚洲部分国家的出口额不断上升，但是扩展边际的贡献度始终较低。因此，中国应当适当拓展农产品的深加工程度，提升农产品的出口附加值，增加出口农产品的种类。首先，政府可以制定相关政策，积极鼓励和引导农产品企业进行产品深加工尝试。例如，就农产品生产的新技术和新工艺在相关企业进行宣传和指导。其次，鼓励农产品生产和加工企业加强与相关科研机构的合作。大力发挥科研机构“助力器”的作用，促进企业对先进技术的消化与吸收，拓宽农产品加工的广度和深度，增加农产品的科技含量。最后，积极建设与出口农产品相关的农业创新基地和深加工产业园区。充分发挥农产品示范区的引导作用，扩大中国衍生农产品种类的出口范围，拓展可出口的农产品种类。

8.2.5 进一步降低农产品出口成本

在实证分析中，我们认为可变贸易成本和固定贸易成本对中国农产品出口集约边际和扩展边际的提升均存在阻碍作用，因此贸易双方需进一步降低相关贸易成本，特别是可变贸易成本。首先，进一步简化通关手续，降低通关成本，为双方农产品贸易企业提供更多便利。例如，贸易双方加强在海关通关和海关检疫等方面的合作，建立企业资质登记审核平台，对于具有资质的农产品进出口企业，简化其通关手续。其次，大力推动农产品跨境电商平台的发展。农产品出口和一般工业制成品的出口对于运输时间的需求不同，农产品出口对配送速度的要求相当高，而物流速度越快也就意味着出口企业需要承担的可变成本费用越高。跨境电子商务平台的搭建，可以大幅削减农产品的出口成本。

8.2.6　积极应对国外SPS措施对中国出口的冲击

SPS措施等非关税壁垒手段具有较大的隐蔽性和灵活性。从第6章和第7章的分析中，我们可知SPS通报数的增加对中国农产品出口亚洲部分国家的集约边际存在显著的负向作用，特别是针对中国园艺类农产品和水产类农产品出口的SPS通报。我们需要采取相关措施，积极应对各进口国设置的SPS措施对中国农产品出口带来的冲击。首先，充分利用SPS相关条款保护农产品出口正当权益。如SPS协议第二条第2款具体规定“卫生和植物卫生措施应当基于科学原则和具有足够的科学依据”。[①] 第二条第3款[②]具体规定“成员应确保其卫生和植物卫生措施不会武断地或不公正地歧视条件相同或相似的成员，包括本国领土和其他成员的领域”。[③] 当遇到国外“不合理”的SPS通报针对中国农产品出口的制裁时，中国应当基于SPS相关条款，为农产品出口厂商

①②③　参见王新奎等．世界贸易组织十周年：回顾与前瞻［M］．北京：人民出版社，2005.

争取应有的权益。其次，提高相关企业应对 SPS 通报的能力。政府应密切关注国外针对中国特定农产品出口的 SPS 通报，及时对通报的详细内容进行分析和评议，快速和企业沟通可能引致的负面影响，从而争取将负面影响降至最低。

8.2.7 充分发挥现有自由贸易区机制的促进作用

中国—东盟自由贸易区于 2010 年 1 月 1 日正式全面启动，中国和韩国于 2015 年 6 月 1 日正式签署自由贸易协议。在此背景下，中国和东盟以及韩国在农产品进出口领域的合作不断加强。为了进一步扩大中国农产品对亚洲部分国家的出口，首先，中国可以借鉴国外相关做法，搭建中国—东盟农产品供求信息服务平台和中日韩有关农产品供求信息的服务平台。在该平台上，定期发布关于特定农产品供求的统计报告、市场信息汇总报告和政府农产品协商报告等，进而使企业在具体产品的生产中更具针对性。其次，充分扩大农产品参与自由贸易的范围。

参考文献

[1] 鲍晓华，严晓杰．我国农产品出口的二元边际测度及SPS措施的影响研究［J］．国际贸易问题，2014（6）：33－41．

[2] 彼得，罗布森．国际一体化经济学，戴炳然译．［M］．上海：上海译文出版社，2001．

[3] 曹亮，陆蒙华．贸易成本、多产品出口企业与出口增长的二元边际［J］．宏观经济研究，2017（1）：42－53．

[4] 柴华．中国出口贸易增长分解与机理分析［J］．世界经济研究，2009（9）：40－46．

[5] 陈磊，宋丽丽．金融发展与制造业出口的二元边际——基于新新贸易理论的实证分析［J］．南开经济研究，2011（4）：18－28．

[6] 陈梅，周申，何冰．金融发展融资约束和进口二元边际——基于多产品企业的研究视角［J］．国际经贸探索，2017，33（6）：85－100．

[7] 陈婷，向训勇．人民币汇率与中国出口的二元边际：基于多产品企业的研究视角［J］．国际贸易问题，2015（8）：168－176．

[8] 陈雯，孙照吉．劳动力成本与企业出口二元边际［J］．数量经济技术经济研究，2016（9）：22－39．

[9] 陈勇兵，陈宇媚，周世民．贸易成本、企业出口动态与出口增长的二元边际——基于中国出口企业微观数据：

2000～2005［J］. 经济学（季刊），2012，11（4）：1477－1502.

［10］陈勇斌，付浪，汪婷，胡颖. 区域贸易协定与出口的二元边际：基于中国—东盟自贸区的微观数据分析［J］. 国际商务研究，2015（3）：21－34.

［11］陈阵，隋岩. 贸易成本如何影响中国出口增长的二元边际——多产品企业视角的实证分析［J］. 世界经济研究，2013（10）：43－48.

［12］杜运苏，彭冬冬. 入世后中国出口增长的二元边际分析［J］. 国际商务（对外经济贸易大学学报），2014（6）：5－15.

［13］范爱军，刘馨遥. 中国机电产品出口增长的二元边际［J］. 世界经济研究，2012（5）：36－42.

［14］范兆斌，张若晗. 国际移民网络与贸易二元边际：来自中国的证据［J］. 国际商务（对外经济贸易大学学报），2016（5）：5－16.

［15］耿献辉，张晓恒，周应恒. 中国农产品出口二元边际结构及其影响因素［J］. 中国农村经济，2014（5）：36－50.

［16］耿晔强，李娜. 中日韩自贸区谈判中的农产品贸易问题研究［J］. 经济问题，2014（10）：97－102.

［17］宫同瑶，辛贤，潘文卿. 贸易壁垒变动对中国—东盟农产品贸易的影响——基于边境效应的测算及分解［J］. 中国农村经济，2012（2）：64－74.

［18］郭俊芳，武拉平. 中国农产品出口增长的二元边际及其影响因素［J］. 经济问题探索，2015（1）：162－166.

［19］黄新飞，李锐，黄文峰. 贸易伙伴对第三方发起反倾销对中国出口三元边际的影响研究［J］. 国际贸易问题，2017（1）：139－152.

[20] 黄钰淇，孙远，王迎春．中国与东盟农产品出口的二元边际测度及其特征分析［J］．经济论坛，2016（5）：120－125.

[21] 黄祖辉，王鑫鑫，宋海英．中国农产品出口贸易结构和变化趋势［J］．农业技术经济，2009（1）：11－20.

[22] 胡超．中国—东盟自贸区进口通关时间的贸易效应及比较研究——基于不同时间密集型农产品的实证［J］．国际贸易问题，2014（8）：58－67.

[23] 金缀桥，杨逢珉．在自贸区框架下扩大中国农产品出口日韩市场的研究［J］．苏州大学学报（哲学社会科学版），2014，35（5）：117－125，192.

[24] 金缀桥，杨逢珉．中韩双边贸易现状及潜力的实证研究［J］．世界经济研究，2015（1）：81－90，128.

[25] 雷日晖，张亚斌．金融发展融资约束与出口二元边际［J］．上海金融，2013（7）：10－15.

[26] 李兵，李柔．互联网与企业出口：来自中国工业企业的微观经验证据［J］．世界经济，2017，40（7）：102－125.

[27] 李明权，韩春花，金兴起．中日韩农产品贸易关系及其对三国建立自由贸易区的影响［J］．经济纵横，2010（4）：107－110.

[28] 李培祥．中国与东盟农产品贸易：特征及结构变化趋势［J］．财贸研究，2007，18（4）：39－43.

[29] 李清政，王佳，舒杏．中国对东盟自贸区农产品出口贸易持续时间研究［J］．国际贸易问题，2016（6）：141－151.

[30] 李未元，冯淑敏．金融危机期间中国对美国出口下跌分解研究［J］．国际经贸探索，2014（11）：81－92.

[31] 梁雪，崔振东．中日韩农产品产业内贸易研究［J］．

农业经济，2009（12）：84－87.

［32］林僖，林祺．金融危机如何影响服务产业贸易流量——基于二元边际的分析视角［J］．国际贸易问题，2017（1）：81－92.

［33］李新，陈婷．企业出口动态二元边际与出口增长：来自中国的证据［J］．国际贸易问题，2013（8）：25－37.

［34］李显戈，孙林．中国对东盟出口增长的二元边际分析［J］．财经论丛，2012（5）：3－8.

［35］刘斌，王乃嘉．制造业投入服务化与企业出口的二元边际——基于中国微观企业数据的经验研究［J］．中国工业经济，2016（9）：59－74.

［36］刘莉，王瑞，邓强．金砖五国农矿产品出口增长方式比较分析——基于贸易边际的视角［J］．国际贸易问题，2013（9）：45－54.

［37］刘志彪，张杰．我国本土制造业企业出口决定因素的实证分析［J］．经济研究，2009，44（8）：99－112，159.

［38］马凌远．中国出口增长二元边际的再测算——基于不同生产要素密集型产品贸易的视角［J］．国际商务（对外经济贸易大学学报），2016（3）：44－53.

［39］马焕杰．中国—东盟区域经济一体化（CAFTA）对中国出口的二元边际的影响的实证研究来自 HS-6 位数产品的证据［J］．中南财经政法大学研究生学报，2012（5）：68－74.

［40］马涛，刘仕国．产品内分工下中国进口结构与增长的二元边际——基于引力模型的动态面板数据分析［J］．南开经济研究，2010（4）：92－109.

［41］钱学峰．企业异质性、贸易成本与中国出口增长的二元边际［J］．管理世界，2008（7）：48－66.

［42］钱学锋，熊平．中国出口增长的二元边际及其因素决定［J］．经济研究，2010，45（1）：65－79.

［43］屈四喜．中国对东盟农产品出口的影响因素分析［J］．农业技术经济，2011（3）：119－125.

［44］任力，黄崇杰．国内外环境规制对中国出口贸易的影响［J］．世界经济，2015，38（5）：59－80.

［45］司伟，黄春全，王济民．中日韩农产品贸易影响因素及分解［J］．农业经济问题，2012，33（11）：16－21，110.

［46］史本叶，张永亮．中国对外贸易成本分解与出口增长的二元边际［J］．财经研究，2014（1）：74－82.

［47］施炳展．中国出口增长的三元边际［J］．经济学（季刊），2010，9（4）：1311－1330.

［48］施炳展．中美贸易失衡的三元边际——基于广度、价格和数量的三元边际［J］．世界经济研究．2011（1）：39－44.

［49］施炳展．中国企业出口产品质量异质性：测度与事实［J］．经济学（季刊），2014，13（1）：263－284.

［50］施炳展，王有鑫，李坤望．中国出口产品品质测度及其决定因素［J］．世界经济，2013，36（9）：69－93.

［51］孙林．中国与东盟农产品贸易竞争关系——基于出口相似性指数的实证分析［J］．国际贸易问题，2005（11）：71－75.

［52］孙林，赵慧娥．中国和东盟农产品贸易波动的实证分析［J］．国际贸易问题，2009（8）：61－65.

［53］孙林，谭晶荣，宋海英．区域自由贸易安排对国际农产品出口的影响：基于引力模型的实证分析［J］．中国农村经济，2010（1）：74－96.

［54］孙林，倪卡卡．东盟贸易便利化对中国农产品出口影

响及国际比较——基于面板数据模型的实证分析［J］. 国际贸易问题，2013（4）：139－147.

［55］孙一平，王翠竹，张小军．金融危机、垂直专业化与出口增长的二元边际——基于中国 HS－6 位数出口产品的分析［J］. 宏观经济研究，2013（5）：18－26.

［56］孙一平，王翠竹，张小军．金融危机垂直专业化与出口增长的二元边际——基于中国 HS－6 位数出口产品的分析［J］. 宏观经济研究，2013（5）：19－26.

［57］万璐，李娟．金融发展影响中国企业出口二元边际的实证研究［J］. 南开经济研究，2014（4）：93－111.

［58］谭晶荣，刘莉，王瑞，叶婷婷．中越农产品出口增长的二元边际分析［J］. 农业经济问题，2013，34（10）：56－63.

［59］王奇珍，朱英明，朱淑文．技术创新对出口增长二元边际的影响——基于微观企业的实证分析［J］. 国际贸易问题，2016（4）：62－71.

［60］王孝松，施炳展，谢申祥，赵春明．贸易壁垒如何影响了中国的出口边际？——以反倾销为例的经验研究［J］. 经济研究，2014（11）：58－71.

［61］王永培．内需规模集聚效应与出口二元边际——来自我国 267 个地级市制造业企业的微观数据［J］. 国际商务（对外经济贸易大学学报），2016（2）：18－28.

［62］魏浩，郭也．中国进口增长的三元边际及其影响因素研究［J］. 国际贸易问题，2016（2）：37－49.

［63］魏玮，安秀玹，刘谦慧．双边贸易框架下中国出口二元边际测度分析［J］. 统计与决策，2016（14）：132－137.

［64］魏友岳，刘洪铎．经济政策不确定性对出口二元边际的影响研究——理论及来自中国与其贸易伙伴的经验证据［J］.

国际商务（对外经济贸易大学学报），2017（1）：28－39.

［65］魏昀妍，樊秀峰．“一带一路”背景下中国出口三元边际特征及其影响因素分析［J］．国际贸易问题，2017（6）：166－176.

［66］颜小挺，祁春节．中国对东盟生鲜农产品出口三元边际及影响因素研究——以水果出口为例［J］．统计与信息论坛，2016，31（4）：67－73.

［67］杨逢珉，李文霞．中国对日本农产品出口的三元边际分析［J］．上海对外经贸大学学报，2015，22（5）：24－35.

［68］杨逢珉，杨金超．自由贸易区建设背景下中日韩农产品贸易的研究［J］．世界农业，2013（4）：11－16，158.

［69］杨逢珉，杨金超．中国对日韩农产品出口影响因素的比较研究［J］．现代日本经济，2014（1）：86－94.

［70］喻春娇，阮琪．中国对丝绸之路经济带沿线国家出口增长源泉研究［J］．亚太经济，2017（2）：146－154.

［71］袁德胜，朱小明，曹亮．中国农产品出口增长的二元边际——基于引力模型的实证研究［J］．宏观经济研究，2014（7）：43－50.

［72］张宇青，周应恒，张晓恒．中国对发达和不发达贸易对象的农产品出口二元边际差异分析［J］．国际贸易问题，2014（1）：43－50.

［73］赵亮，慕月英．东亚“10＋3”国家农产品国际竞争力分解及比较研究——基于分类农产品的 CMS 模型［J］．国际贸易问题，2012（4）：59－72.

［74］赵雨霖，林光华．中国与东盟10国双边农产品贸易流量与贸易潜力的分析——基于贸易引力模型的研究［J］．国际贸易问题，2010（12）：69－77.

[75] 钟建军. 中国高技术产品出口真的超过日本了吗——基于三元边际分解的实证分析 [J]. 国际贸易问题, 2016 (11): 86 - 96.

[76] Alvarez F., Lippi F. Financial innovation and the transactions demand for cash [J]. Econometrica, 2009, 77 (2): 363 - 402.

[77] Amarsanaa C., Kurokawa Y. The extensive margin of international trade in a transition economy: The Case of Mongolia [J]. Tsukuba Economics Working Papers, 2011.

[78] Amiti M., Freund C. An anatomy of China's trade growth [C]. Trade Conference, IMF. 2007.

[79] Andersson M. Entry costs and adjustments on the extensive margin-an analysis of how familiarity breeds exports [R]. Royal Institute of Technology, CESIS-Centre of Excellence for Science and Innovation Studies, 2007.

[80] Anderson J. E., Van Wincoop E. Trade costs [J]. Journal of Economic literature, 2004, 42 (3): 691 - 751.

[81] Armington P. S. A theory of demand for products distinguished by place of production [J]. Staff Papers, 1969, 16 (1): 159 - 178.

[82] Auray S., Eyquem A. and Poutineau J. C. The effect of a common currency on the volatility of the extensive margin of trade [J]. Journal of International Money and Finance, 2012, 31 (5): 1156 - 1179.

[83] Baldwin R. E., Nino V. D. Euros and zeros: The common currency effect on trade in new goods [R]. National Bureau of Economic Research, 2006.

[84] Bergin P. R. , Glick R. Tradability, productivity, and international economic integration [J]. Journal of International Economics, 2007, 73 (1): 128 - 151.

[85] Bergin P. R. , Lin C. Y. Exchange rate regimes and the extensive margin of trade [R]. National Bureau of Economic Research, 2008.

[86] Bellone F. , Musso P. , Nesta L. and Schiave S. Financial constraints and firm export behavior [J]. The World Economy. 2010, 33 (3): 347 - 373.

[87] Berman N. , Héricourt J. Financial factors and the margins of trade: Evidence from cross-country firm-level data [J]. Journal of Development Economics, 2010, 93 (2): 206 - 217.

[88] Bernard A. B. , Jensen J. B. Why some firms export [J]. Review of Economics and Statistics, 2004, 86 (2): 561 - 569.

[89] Bernard A. B. , Redding S. J and Schott P. K. Multiproduct firms and trade liberalization [J]. The Quarterly Journal of Economics, 2011, 126 (3): 1271 - 1318.

[90] Besedeš T. , Prusa T. J. Ins, outs, and the duration of trade [J]. Canadian Journal of Economics/revue Canadienne Déconomique, 2006, 39 (1): 266 - 295.

[91] Besedeš T. , Prusa T. J. The role of extensive and intensive margins and export growth [J]. Journal of Development Economics, 2007, 96 (2): 371 - 379.

[92] Brenton P. Watching more than the discovery channel: export cycles and diversification in development [M]. World Bank Publications, 2007.

[93] Bridgman B. Energy prices and the expansion of world

trade [J]. Review of Economic Dynamics, 2008, 11 (4): 904 - 916.

[94] Cadot O. , Carrère C. and Strauss-Kahn V. Export diversification: What's behind the hump? [J]. Review of Economics and Statistics, 2011, 93 (2): 590 - 605.

[95] Chaney T. Distorted gravity: The intensive and extensive margins of international trade [J]. American Economic Review, 2008, 98 (4): 1707 - 1721.

[96] Chatterjee S. , Naknoi K. The marginal product of capital, capital flows, and convergence [J]. American Economic Review, 2010, 100 (2): 73 - 77.

[97] Debaere P. , Mostashari S. Do tariffs matter for the extensive margin of international trade? An empirical analysis [J]. Journal of International Economics, 2010, 81 (2): 163 - 169.

[98] Dennis A. , Shepherd B. Trade facilitation and export diversification [J]. The World Economy, 2011, 34 (1): 101 - 122.

[99] Devarajan S. , Rodrik D. Do the benefits of fixed exchange rates outweigh their costs? The Franc zone in Africa [R]. National Bureau of Economic Research, 1991.

[100] Eaton J. , Eslava M. and Kugler M. et al. Export dynamics in Colombia: Firm-level evidence [R]. National Bureau of Economic Research, 2007.

[101] Eaton J. , Kortum S. and Kramarz F. An anatomy of international trade: Evidence from French firms [J]. Econometrica, 2011, 79 (5): 1453 - 1498.

[102] Evenett S. J. , Venables A. J. Export growth in developing countries: Market entry and bilateral trade flows [R]. mimeo, 2002.

[103] Feenstra R. C. , Kee H. L. Trade liberalisation and export variety: A comparison of Mexico and China [J]. The World Economy, 2007, 30 (1): 5 -21.

[104] Feenstra R. , Kee H. L. Export variety and country productivity: Estimating the monopolistic competition model with endogenous productivity [J]. Journal of International Economics, 2008, 74 (2): 500 -518.

[105] Feenstra R. C. , Li Z. and Yu M. Exports and credit constraints under incomplete information: Theory and evidence from China [J]. Review of Economics and Statistics, 2014, 96 (4): 729 -744.

[106] Felbermayr G. J. , Kohler W. Exploring the intensive and extensive margins of world trade [J]. Review of World Economics, 2006, 142 (4): 642 -674.

[107] Felbermayr G. , Kohler W. Does WTO membership make a difference at the extensive margin of world trade? [M]. Is the World Trade Organization Attractive Enough for Emerging Economies? Palgrave Macmillan, London, 2010: 217 -246.

[108] Flam H. , Helpman E. Vertical product differentiation and North-South trade [J]. American Economic Review, 1987, 77 (5): 810 -822.

[109] Goldberg P. K, Pavcnik N. Trade, wages, and the political economy of trade protection: evidence from the Colombian trade reforms [J]. Journal of international Economics, 2005, 66 (1): 75 -105.

[110] Grossman G. M. , Helpman E. Innovation and growth in the global economy [M]. MIT press, 1993.

[111] Haddad M., Harrison A. and Hausman C. Decomposing the great trade collapse: Products, prices, and quantities in the 2008 ~ 2009 crisis [R]. National Bureau of Economic Research, 2010.

[112] Helpman E., Melitz M. and Rubinstein Y. Estimating trade flows: Trading partners and trading volumes [J]. The Quarterly Journal of Economics, 2008, 123 (2): 441 – 487.

[113] Helpman E., Melitz M. and Yeaple S. R. Export versus FDI with heterogeneous firms [J]. American Economic Review, 2004, 94 (1): 300 – 316.

[114] Helpman E. Trade, FDI, and the organization of firms [J]. Journal of economic literature, 2006, 44 (3): 589 – 630.

[115] Hillberry R., McDaniel C. A decomposition of North American trade growth since NAFTA [J]. International Economic Review. 2002, 5/6: 1 – 5.

[116] Hummels D., Klenow P. J. The variety and quality of a nation's trade [R]. National Bureau of Economic Research, 2002.

[117] Hummels D., Klenow P. J. The variety and quality of a nation's exports [J]. American Economic Review, 2005, 95 (3): 704 – 723.

[118] Johnson H. G. An economic theory of protectionism, tariff bargaining, and the formation of customs unions [J]. Journal of Political Economy, 1965, 73 (3): 256 – 283.

[119] Johnson H. G. The economic theory of customs union [J]. International Economic Integration: Theory and measurement, 1998 (1): 184.

[120] Kancs D. A. Trade growth in a heterogeneous firm model: Evidence from South Eastern Europe [J]. The World Economy,

2007, 30 (7): 1139 - 1169.

[121] Kang K. The path of the extensive margin (export variety), theory and evidence [J]. University of California, Davis working paper, mimeo, 2004.

[122] Kehoe T. J., Ruhl K. J. How important is the new goods margin in international trade? [M]. Federal Reserve Bank of Minneapolis, Research Department, 2003.

[123] Krugman P. R. Scale economies, product differentiation, and the pattern of trade [J]. American Economic Review, 1980, 70 (5): 950 - 959.

[124] Krugman P. R. Intra industry specialization and the gains from trade [J]. Journal of Political Economy, 1981, 89 (5): 959 - 973.

[125] Lawless M. Deconstructing gravity: trade costs and extensive and intensive margins [J]. Canadian Journal of Economics/Revue canadienne d'économique, 2010, 43 (4): 1149 - 1172.

[126] Lian-na Y. The influential factors of China's agricultural export to EU [J]. Journal of International Trade, 2007, 10: 8.

[127] Liapis P. Extensive margins in agriculture [J]. Oecd Food Agriculture & Fisheries Papers, 2009 (17).

[128] Lorz O., Wrede M. Trade and variety in a model of endogenous product differentiation [J]. The BE Journal of Economic Analysis & Policy, 2009, 9 (1): 145 - 174.

[129] Matias Pereira J., Fernandes Marcelino G. and Kruglianskas I. Brazilian new patterns of an industrial, technological and foreign trade policy [J]. Journal of Technology Management & Innovation, 2006, 1 (3): 17 - 28.

[130] Mayer T., Melitz M. J. and Ottaviano G. I. P. Market

size, competition, and the product mix of exporters [J]. American Economic Review, 2014, 104 (2): 495 – 536.

[131] Meade J. E. The theory of customs unions [M]. North-Holland Publishing Company, 1955.

[132] Melitz M. J. The impact of trade on intra-industry reallocations and aggregate industry productivity [J]. Econometrica, 2003, 71 (6): 1695 – 1725.

[133] Melitz M. J., Ottaviano G. I. P. Market size, trade, and productivity [J]. The review of economic studies, 2008, 75 (1): 295 – 316.

[134] Ottaviano G., Tabuchi T. and Thisse J. F. Agglomeration and trade revisited [J]. International Economic Review, 2002, 43 (2): 409 – 435.

[135] Panagariya A. The free trade area of the Americas: Good for Latin America? [J]. The World Economy, 1996, 19 (5): 485 – 515.

[136] Persson M. Trade facilitation and the EU-ACP economic partnership agreements [J]. Journal of Economic Integration, 2008: 518 – 546.

[137] Persson M. Trade facilitation and the extensive margin [J]. The Journal of International Trade & Economic Development, 2013, 22 (5): 658 – 693.

[138] Pierola M. D. Patterns of export diversification in developing countries: intensive and extensive margins [R]. Economics Section, The Graduate Institute of International Studies, 2007.

[139] Sara J., Lööf H. and Andersson M. Productivity and international trade: Firm level evidence from a small open economy [J]. Review of World Economics. 2008, 144 (4): 774 – 801.

［140］ Thom R. , McDowell M. Measuring marginal intra-industry trade ［J］. Review of World Economics. 1999, 135 (1): 48 -61.

［141］ Yang J. , Chen C. The economic impacts of China-ASIAN free trade area-a computational analysis with special emphases on agricultural sectors ［C］. Australian National University Working Paper. 2006.

后　记

本书基于中国农产品对亚洲部分国家出口现状的描述，选择了农产品出口三元边际路径对农产品出口问题进行了较为细致和深入的研究。研究过程比想象中要艰难得多，从数据的收集和整理、理论模型的选取和构建、到实证分析的展开和政策建议的提出，期间的研究工作离不开众多教授、同学和家人的教导、帮助、激励和付出，使我们满怀感激。

首先，要感谢张永安教授，本书的撰写过程倾注着张教授的大量心血。在本书的写作期间，不论是选题、写作还是修改，张教授均在百忙之余给予了精心地指导和帮助。他深厚的理论功底、严谨的治学作风使得本书得以顺利成稿。

另外，也要感谢在本书修改定稿过程中给予我们帮助的吴玉鸣教授、杨来科教授、沈瑶教授，他们提供的宝贵修改意见使我们获益良多，使我们得以进一步完善书稿内容。

最后，感谢经济出版社对本书的出版提供的大力支持和帮助，特别感谢经济出版社的王柳松编辑，她精心细致的编辑工作才使本书能够顺利出版。

由于成书匆忙，本书在观点阐述和文字表达等方面都可能存在一些遗憾。本书的诸多不足之处还请专家和读者给予批评指正，以便我们在今后的研究工作中有所突破。

金缀桥　杨逢珉

2019 年 1 月